Modernes Sport-Karate

Für Zhiga

Rudolf Jakhel

Modernes Sport-Karate

Technische und taktische Grundlagen

Meyer & Meyer Verlag

Originalausgabe:
MODERNES SPORT-KARATE: TECHNISCHE UND TAKTISCHE
GRUNDLAGEN
Dr. Rudolf Jakhel
Herausgeber: Allgemeiner Deutscher Hochschulsportverband
Schriftenreihe „Sport & Lernen" Band 12.
Hans Putty Verlag Wuppertal, 1989.
(ISBN 3-87650-056-7)

Die Deutsche Bibliothek – CIP-Einheitsaufnahme

Jakhel, Rudolf:
Modernes Sport-Karate :
technische und taktische Grundlagen / Rudolf Jakhel.
– Aachen : Meyer und Meyer, 1997
ISBN 3-89124-421-5
NE: HST

© 1997 by Meyer & Meyer Verlag, Aachen
Foto Titelseite: Bongarts Sportfotografie GmbH, Hamburg
Fotos Innenteil: alle Fotos vom Autor außer:
1-4, 8, 9, 13, 14a/b (T. Nett), 7 (F. Joch), 10 (H. Müller)
Grafiken: Die nicht numerierten alten Zeichnungen mit freundlicher
Genehmigung von Michael Baranyai-Bodorfalva:
4000 Jahre Selbstverteidigung, Rerosch-Amtmann, Wien, 1989, 2. Aufl.
Die Abbildung auf der altgriechischen Vase mit freundlicher
Genehmigung von Kenneth R. Kernspecht: *Vom Zweikampf*,
Wu-Shu-Verlag Kernspecht, 1992, 3. korrigierte und ergänzte Aufl.
Umschlaggestaltung: Walter J. Neumann, N & N Design-Studio, Aachen
Lektorat: Dr. Irmgard Jaeger, Aachen
Satzbelichtung: Fotosatz Velz KG, Josef Hesterkamp, Aachen
Umschlagbelichtung: frw, Reiner Wahlen, Aachen
Satz: WHY NOT! Mirko Echghi, Aachen
Druck: Röder + Moll GmbH, Mönchengladbach
Printed in Germany
ISBN 3-89124-421-5

Europäische Wurzeln des Karate-Sports

Eine von den Zeichnungen aus der Serie über das freie Fechten, 1512, des berühmten mittelalterlichen Malers Albrecht Dürer. Abgebildet ist ein gerader Stoßtritt.

3. ANWENDUNG DES KAMPF-REPERTOIRES IM SPORT-KARATE

„hochschulsport"

17. Jahrgang (12/90)
Verbandszeitschrift des
ALLGEMEINEN DEUTSCHEN
HOCHSCHULSPORTVER-
BANDES (ADH) e.V.

Buchbesprechung des Buches von
Rudolf Jakhel:

MODERNES SPORTKARATE

Aus der Reihe „normaler" Karate-Bücher
tritt dieses Buch wohltuend hervor, da es
sich nicht an den Lernstrukturen Japans
orientiert. Jakhel unternimmt den ge-
lungenen Versuch, der längst überfällig ist,
die Analyse dessen, was im Karate
vermittelt werden soll, mit westlichen
Know-how und westlicher Logik an-
zugehen. Dies ist sehr zu begrüßen, da der
Lernprozeß schneller und effektiver ist,
wenn die Vermittlungsformen sich auf die
eigenen Denk- und Lerngwohnheiten
beziehen.

Die sonst häufig in Büchern vertretene
Vermittlungsform orientiert sich an der
Karate-Philosophie Japans und entspricht
nicht der analytischen Denkweise der Europäer.

Die von Jakhel gewählte Form der Auseinandersetzung sollte forciert werden,
damit sich Europa von Japan emanzipiert
und seine tatsächlichen Leistungsgrenzen
im sportlichen Karate erreichen kann.

Eine Sportart muß auf allen Ebenen
hinterfragt werden, damit eine wissenschaftliche Auseinandersetzung geführt
werden kann, die zu einer analytischen
Überprüfung der Lernmethoden genutzt
werden kann. Nur so ist es möglich, Erfahrungen aus anderen Bereichen des Sports
im Sinne des Transfers, wie hier bereits
geschehen, auf Karate anzuwenden und die
Leistungen der Sportler optimal zu fördern. So wird eine breite Basis für das
Sporkarate hergestellt, auf der es nicht
mehr notwendig ist, sich mit der japanischen Kultur auseinanderzusetzen, um
Karate erlernen zu können. Die eigenen
kulturellen Wurzeln sind als Basis ausreichend.

Dieses Buch bietet eine in sich ge-
schlossene, durchdachte und detaillierte
Betrachtung des Sportkarate. Das ist sehr
zu begrüßen und ein Beitrag zu einem
Trend, der sich seit einiger Zeit abzeichnet.
Diese analytisch-europäische Form der
Beschäftigung mit Karate wurde inzwischen auch schon auf einigen sportwissenschaftlichen Kongressen und in An-
sätzen von kompetenten Trainern geführt.
Daran knüpft Jakhels Buch an.

Dr. Elke von Oehsen

VORWORT ZUR ZWEITEN AUFLAGE

Motto:
„Die Zeiten ändern sich,
die Welt ändert sich,
und die Kampfkünste müssen
sich ebenfalls ändern. "

Gichin Funakoshi
Gründer des Karate-Sports

Wahrscheinlich werden Leserinnen und Leser dieses Buches durch seinen ungewöhnlichen Ansatz überrascht. In Karate-Kreisen ist man doch daran gewöhnt, daß sich Karate als eine der exotischen Sportarten, umgeben mit der Hülle philosophisch-religiöser Traditionen des Fernen Ostens, einer im Westen üblichen, verstandsmäßigen, logischen Analyse entzieht. Jedoch gerade mit einem solchen, rationalen Ansatz war es in diesem Buch möglich, einen aufklärerischen Blick aus einem ganz neuen Winkel auf Karate als Sport zu werfen.

Am besten drückt dies die Buchbesprechung von DR. ELKE VON OEHSEN aus, die hier auf der gegenüberliegenden Seite wiedergegeben ist. Ihr positives Urteil hat aus zwei Gründen ein besonderes Gewicht. Zum einen ist sie Trägerin des 4. Dans im Wadoryu, einer der traditionellen Karate-Stilrichtungen, und Autorin bzw. Koautorin einiger Karate-Bücher. Eine Anerkennung der Richtigkeit und Brauchbarkeit andersartiger Erklärungen als der des eigenen Stils ist aber im klassischen Karate so ungewöhnlich, daß dies schon an sich selbst eine außerordentliche Bedeutung hat. Zweitens ist aber die Rezensentin nicht nur eine hochgraduierte Karate-Meisterin, sondern zugleich auch promovierte Sportwissenschaftlerin mit Dissertation im Karate. Diese beiden höchsten Qualifikationen vereinigend, ist sie wahrscheinlich eine der kompentestesten Personen auf dem Fachgebiet Karate in Deutschland. Auch ist die Beurteilung des Buches seitens DR. VON OEHSEN keine gewöhnliche Rezension; sie ist darüber hinaus eine wertvolle Begrüßung des neutralen, stilübergreifenden Beitrags, den dieses Buch leistet.

Die erste Ausgabe dieses Buches hat einiges an Interesse geweckt, was unter anderem diese, zweite deutsche Ausgabe an sich schon genügend bezeugt. Aber darüber hinaus ist es auch – für ein in Deutschland verfaßtes Karate-Buch ungewöhnlich – in mehrere Sprachen übersetzt worden. Dieses wachsende europaweite Interesse zeigt, daß nach einer allgemein verständlichen und systematischen Analyse des sportlichen Kampfgeschehens im Karate, wie dieses Buch sie bietet, überall Bedarf besteht.

Wie im Text einleitend erklärt wird, ist dieses Buch ein Zwischenbericht des Entwicklungsprojektes „Rationalisierung im Karate-Sport". Seit seiner ersten Veröffentlichung sind weitere neue Erkenntnisse gewonnen, und der Karate-Unterricht aufgrund einiger methodischen Verbesserungen noch weiter ökonomisiert worden. Diese Neuerungen sind jedoch nur teilweise in die neue Auflage aufgenommen worden. Die Funktion dieses Buches ist nämlich auf die Darstellung einer sportkampfgerecht geordneten Zusammensetzung des Karate-Aktionsrepertoires begrenzt. Wie man dieses Sportkampfrepertoire schrittweise und systematisch erlernt und anwendet, konnte in dem gegebenen Rahmen nur angedeutet werden. Das bislang zu wenig analysierte didaktische Problemfeld im Karate ist so umfangreich und verklärt, – und so sehr im Mittelpunkt der Interesse – daß es einer abgesonderten, ausführlicheren Behandlung bedarf.

Neu in diesem Buch sind einige Illustrationen mit Zeichnungen aus dem europäischen Mittelalter. Die abgebildeten Kampfszenen weisen darauf hin, daß der Ferne Osten nicht – wie sonst meistens geglaubt wird – die einzige Wiege der heute so populären Budo-Kampfsportarten ist. Offensichtlich gibt es auch verzweigte und reiche europäische Wurzeln des heutigen Karate, auf die wir in der letzten Zeit nach und nach erneut aufmerksam geworden sind, und für die wir langsam auch ein entsprechendes Bewußtsein entwickeln können.

Auch neu in diesem Buch ist ein selbständiger Text, der als Anhang angeschlossen worden ist, obwohl er inhaltlich eigentlich an den Anfang des Buches gehört. Es geht um einen Artikel, der in der Jubiläumsbroschüre zu 25 jährigen Bestehen der Hochschulgruppe Modernes Sport-Karate an der RWTH/FH Aachen 1996 erschienen ist, und der die Entwicklungsrichtung des Karate-Sports zwischen asiatischen Traditionen und europäischer Modernität überblicksweise darstellt. Leserinnen und Leser, die die Bedeutung dieser Frage kennen, beginnen am besten mit der Lektüre des Anhangs, bevor sie sich den anderen Kapiteln des Buches widmen.

An dieser Stelle sollen die LeserInnen auch darauf hingewiesen werden, daß die im Haupttext verwendeten Ausdrücke für die aktiven Personen wie z.B. Kämpfer, Gegner usw. – anstatt jeweils KämpferInnen, GegnerInnen – dem glatteren Lesefluß dienen und auf keinen Fall eine geschlechtsspezifische Hervorhebung bedeuten.

Herbst 1996

R. Jakhel

EINLEITUNG

Heute, dreißig Jahre nach der Einführung des Karate in der Bundesrepublik,[*)] gibt es eine Menge von Karate-Büchern auf dem deutschen Markt. Es sieht bereits so aus, als ob sich das Thema Karate erschöpft hätte, als ob man dazu kaum noch etwas hinzufügen bzw. etwas Neues hervorbringen könnte.

Dieses Buch hat jedoch den Anspruch, das Karate auf eine neue, unkonventionelle Art darzustellen. Seine Unkonventionalität ergibt sich aus dem Ziel des Autors, ein ausdrücklich praktisches – und auf das Praktische begrenztes – Karate-Buch zu schreiben, das etwas mehr als nur ein Handbuch sein soll. Es ist praktisch im mehrfachen Sinne:

1. Es ist auf den Sportkampf (jap.: *jiyu-kumite*) gerichtet, auf das Praxisfeld des Sport-Karate. Nur das, was – und nur so, wie es – im Sportkampf tatsächlich angewendet wird, wird in diesem Buch behandelt. Die Auswahl der Kampftechniken und -taktiken, d.h. der Kampfhandlungen oder Kampfaktionen, erfolgte nach den gesammelten Erfahrungen und langjährigen Beobachtungen dessen, was die meisten Karate-SportlerInnen im Sportkampf anwenden. Es handelt sich hier um tatsächliche Verhaltens- und Bewegungsmuster, denen im Sportkampf alle TeilnehmerInnen gleichermaßen folgen, ungeachtet dessen, was der/die Einzelne für seine/ihre Gürtelprüfungen sonst alles lernen muß. Die Praxis des Sportkampfes, wo man das, was man kann, anwendet und somit ausprobiert, ist die Quelle und das Ziel dieses Buches. Es soll jedem/r, der/die Karate schon ausübt, oder es anzufangen beabsichtigt, verdeutlichen, was im Karate einen praktischen, wettkampfsportlichen Stellenwert hat.

2. Die in diesem Buch dargestellte Konzeption geht von einer sehr praktischen Feststellung aus, nämlich, daß alle Karate-Aktionen in ihren Bewegungsabläufen wesentliche Gemeinsamkeiten mit anderen Sportarten haben. Vor allem sind damit die Sportarten gemeint, wo Laufen (z.B. Sprint), Werfen (z.B. Speerwurf), Stoßen (z.B. Kugelstoßen, Fechten), Schlagen (z.B. Tennis) und Kicken (z.B. Fußball), oder auch Drehen und Springen (z.B. Eiskunstlauf oder Gymnastik) vorkommen. Stimmt man dem zu, – was in Karate-Kreisen leider nicht üblich ist – so findet der entscheidende Umbruch statt. Man gewinnt eine ganz andere Grundlage zur Analyse, Beschreibung, zum Lernen und Lehren von einzelnen Karate-Handlungen. Damit wird nämlich die Bewegungslehre,

---

[*)] Geschrieben in 1988!

11

die Wissenschaft von den Erscheinungsformen und Gesetzmäßigkeiten menschlicher Bewegungen, in der Erkenntnisse aus den Beobachtungen anderer Sportarten zusammengefaßt sind, auf den Karate-Sport anwendbar. So hat sich die Darstellung der Karate-Kampfhandlungen in diesem Buch aus einer morphologischen Betrachtungsweise [1] der Bewegungen der Teilnehmer im Sportkampf ergeben, wobei vorangehend die sportkampfspezifischen Funktionen bzw. Merkmale dieser Kampfhandlungen analysiert worden sind.

3. Die Beschreibung der Kampfhandlungen in diesem Buch ist so ausführlich, daß jede/r, der/die dies versuchen will, daraus den Ablauf einzelner Kampfhandlungen praktisch lernen bzw. verbessern kann. Dabei ist nur eines absichtlich unterlassen worden: die Beschreibung der Haltung der Hände und Füße, während sie einzelne vitale Punkte angreifen. In dieser Funktion nennt man sie „Impakt-Teile", da sie das Endziel eines jeden Angriffs durch einen Impakt (Einschlag, Einstoß, Kontakt mit Impulsübertragung) zu verwirklichen haben. Ich habe bisher kaum ein Karate-Buch gesehen, das sich damit nicht ausführlich befaßt hätte; es hätte wenig Sinn, dasselbe nochmal zu wiederholen. Falls man es doch noch nicht beherrscht, kann man die entsprechende Haltung der Impakt-Teile auf den vorhandenen Abbildungen nachsehen.

4. Die Sprache, die für die Beschreibung der Kampfhandlungen benutzt wird, ist die praktische Alltagssprache, bereichert mit den Ausdrücken, die in anderen Sportarten und in der Bewegungslehre verwendet werden. Einige wenige sind neu eingeführt, während einige andere in einer neuen Bedeutung angewendet worden sind. Die mehr oder minder entsprechenden japanischen Ausdrücke, – die sonst im Karate vorherrschen – werden hier in Klammern angegeben, damit die traditionell geschulte/n Karate-SportlerInnen schneller den Anschluß finden. Zur Erleichterung des Lernens werden für einzelne Angriffe Kurzbenennungen angewendet, d.h. Kodes, die aus Zahlen und Buchstaben bestehen. Interessanterweise sind ähnlich formalisierte Kodierungen schon vor Jahren seitens einzelner im Westen lebender japanischer Meister – z.B. CHOJIRO TANI, YOSHINAO NAMBU – bei ihren Versuchen, das Karate zu modernisieren, teilweise eingeführt worden. Die im Karate vorherrschenden japanischen Ausdrücke sind – von den Schwierigkeiten der Sinnvermittlung abgesehen – zur Benennung von komplexeren Kampfhandlungen, wie z.B. Kombinationen, nicht ausreichend zutreffend. Außer zur Lösung dieses Problems dient die Kodierung in diesem Buch vor allem dazu, die inneren Zusammenhänge der einzelnen Kampfhandlungen einleuchtend auszudrükken.

5. Das dargestellte Repertoire von Kampfhandlungen ist keineswegs bloß eine Aufzählung und Aneinanderreihung dessen, was im Sportkampf nützlich ist.

Die praktische Orientierung des Buches erfordert auch eine weitgehende Systematisierung: Sie erfolgt aufgrund der bewegungsgemäßen Verwandtschaften der Kampfhandlungen miteinander. Einzelne Kampfhandlungen werden so einander zugeordnet, daß daraus ein sinnvolles, leicht begreifbares Repertoire von Kampfhandlungen – auch Sportkampfsystem oder Kampfsystem genannt – entsteht. Als Grundlage des dargestellten Kampfsystems werden sechs Typen von Fußangriffen genommen, die dann mit Handangriffen in einzelnen Angriffsfolgen Fuß-Hand kombiniert werden. Je nachdem, ob ein Fuß- und ein Handangriff auf der gleichen oder auf der entgegengesetzten Körperseite nacheinander ausgeführt werden, ergeben sich zwei Formen der Angriffsfolgen: die einseitige (gleichseitige) und die diagonale (gegenseitige) Form. So kommen wir zu zwölf grundlegenden Kombinationen. Je nach der ausführenden Körperseite und je nach der taktischen Situation ergibt sich daraus weiter eine praktisch unbegrenzte Anzahl von möglichen Variationen, die nach den allgemein geltenden didaktischen Grundsätzen entwickelt werden:

- ♦ vom Bekannten zum Unbekannten;
- ♦ vom Einfachen zum Komplexen;
- ♦ vom Leichten zum Schwierigen;
- ♦ vom Universellen zum Speziellen.

6. Das Buch bietet einen systematischen Überblick nicht nur darüber, was man im Sportkampf machen kann, sondern auch darüber, wie es sich anwenden läßt. Es umfaßt drei Teile. Im ersten Teil wird das grundlegende praktische Konzept des Sport-Karate erläutert sowie die innere Logik eines Kampfhandlungsmusters herausgearbeitet, das den Merkmalen des Sportkampfes und der Schulung zum Sportkampf optimal entspricht. Im zweiten Teil werden die technischen und die taktischen Grundlagen desselben Handlungsmusters analysiert. Zunächst werden aus den Bewegungsabläufen anderer Sportarten die Karate-Angriffszyklen und daraus anschließend die Kombinationen von Fuß- und Handangriffen abgeleitet. Daraufhin wird der zentrale taktische Situationsbegriff, das *Taktische Moment*, und das ganze Konzept der Sportkampftaktik entwickelt sowie beide taktischen Kategorien, die Schutzmaßnahmen und die Kampfaktionen, erklärt. Im dritten Teil wird ein Überblick über die taktisch bedingten Anwendungsmöglichkeiten der dargestellten Kampfkombinationen und über ihre typischen Variationen im Angriff und Gegenangriff dargeboten. Das Buch schließt mit einer Analyse der praktischen Brauchbarkeit der sonst im Karate hochgeschätzten, aber im Sportkampf wenig gebrauchten Sprungangriffe ab.

Ein/e KönnerIn wird leicht feststellen, daß die meisten technischen Einzelheiten der dargestellten Kampfhandlungen allgemein gut bekannt sind. Davon geht dieses Buch auch aus, denn etwas, was ohnehin schon im Gebrauch ist, soll nicht neu entwickelt werden. Was hier in diesem Zusammenhang neu ist, ist das Herausfinden des im Sportkampf vorherrschenden, *allgemein* gültigen, allumfassenden Handlungsmusters. Eine auf praktischen Erfahrungen und Beobachtungen bauende, deduktive Auswahl von Kampfhandlungen, die sich nach bewegungstechnischen Grundsätzen rational zueinander ordnen lassen, ergibt ein überschaubares, konsistentes System von Kampfkombinationen. Dieses System erleichtert wesentlich das Verständnis und das Erlernen der Bewegungsabläufe im Karate. In ähnlich systematischer Weise ist auch das hier dargestellte taktische Konzept entwickelt worden. Auf die komplexen, aber höchst praktischen Fragen der Taktik im Sportkampf ist die gängige Karate-Literatur bisher nur ansatzweise eingegangen.[2] Im Gegensatz dazu werden hier die grundlegenden taktischen Begriffe und Kategorien des Karate-Sportkampfes zum ersten Male operativ definiert und als solche systematisch besprochen.

Aufgrund meines Anspruchs auf Nähe zur Sportkampfpraxis will ich mich hier nicht zugleich auch mit hohen philosophischen Begriffen beschäftigen, wie es sonst im Karate üblich ist. Die fernöstliche Kultur ist reich und wertvoll. Sie verdient es nicht, durch Reduktionen und willkürlich ausgewählte sprichwörtliche Weisheiten, die meistens zur Deckung des Erklärungsmangels dienen, unzulänglich vertreten zu werden, wie es im Karate leider zu oft geschieht. Im Sinne der konsequenten Praxisnähe würde ich mich in dieser Hinsicht lieber der gängigen Diskussion über die Körpererfahrung im Sport anschließen.[3] Jedoch hat dies im Karate zur Zeit nicht die höchste Priorität. Als eine von den jüngsten Sportarten, die aus dem fernöstlichen Kulturkreis in den Westen gekommen ist, braucht Karate zunächst und vor allem eine gründliche rationale Überprüfung sowie eine konzeptionelle und methodische Anpassung an unsere Denkweise, die zugleich eine sprachliche Anpassung erforderlich macht. Diejenigen, die im Karate die traditionellen Überlieferungen nicht zu hinterfragen wagen, sollen die Tatsache bedenken, daß Karate schon einmal eine bewußt durchgeführte kulturelle Anpassung, d.h. Änderung seiner Merkmale, erlebt hat: Erst durch die Japanisierung ist Karate aus einer mit Geheimnissen und Legenden umwobenen Fertigkeit, die nur den Eingeweihten vermittelt wurde, zu einer populären Sportart geworden.

Der als Vater des heutigen Karate betrachtete Meister GICHIN FUNAKOSHI, genannt SHOTO, hat den ersten entscheidenden Schritt zur Weltverbreitung des Karate als Sport getan, als er 1922 Karate von Okinawa nach Japan brachte. Karate erlebte in Japan eine schwungartige Verbreitung und wurde in den dreißiger Jahren offiziell anerkannt. Es ist eine Frage, ob dies auch so schnell geschehen wäre, hätte der Meister FUNAKOSHI nicht seine aus Okinawa stammende Karate-Kampfkunst durchgreifend reformiert. In der Hoffnung, sie zur Aufnahme in das Lehrprogramm an öffentlichen Schulen in Japan fähig zu machen, hat er

14

das damalige Karate japanisiert und zugleich versportlicht, indem er folgendes (nicht gerade in der angegebenen Reihenfolge) unternahm: [4]

♦ das Ideogramm für Karate so änderte, daß es seitdem nicht mehr, wie ursprünglich, als „chinesische Hand" zu lesen ist, sondern „leere Hand" bedeutet;

♦ eine „Reform der Nomenklatur", wie er es selbst nannte, durchführte, indem er die okinawanischen Ausdrücke, die für die Japaner unverständlich waren, durch japanische ersetzte;

♦ eine Reglementierung des Trainings durchführte, indem er einen Schulungsplan nach Fähigkeitsstufen der Schüler aufstellte und die Zulassungsbedingungen zum Unterricht auf den einzelnen Stufen (Kyu- und Dan-Grade) formalisierte;

♦ die damaligen Lerninhalte der Karate-Schulung, die Katas (das sportliche Kämpfen im heutigen Sinne pflegte man in jener Zeit noch nicht) weitgehend vereinfachte.

In seinem letzten Buch, das er 1956, ein Jahr vor seinem Tode, geschrieben hat, hat er seine unmißverständliche Einstellung zur Weiterentwicklung des Karate ausgedrückt, die seine Karate-Reformen rechtfertigen und verständlich machen: „Die Zeiten ändern sich, die Welt ändert sich, also müssen sich auch die Kampfkünste ändern!" [5] Im Abschluß desselben Buches hat sich Funakoshi als nächste Aufgabe gestellt, das Karate auch im Westen zu popularisieren. Hätte er tatsächlich die Möglichkeit gehabt, diese Aufgabe selbst durchzuführen, kann man annehmen, daß er genauso vorgegangen wäre, wie er bei der Japanisierung des Karate vorging, und keine Mühe gescheut hätte, um das Karate durch weitere Reformen der abendländischen Denkweise zugänglicher zu machen und somit seine Annahme und Verbreitung zu begünstigen.

In Japan hat sich die neue Sportart weiterentwickelt: Seit der Mitte der dreißiger Jahre hat sich stufenweise eine neue Form der Erprobung durchgesetzt – der Sportkampf. Als die endgültige Institutionalisierung des Karate-Sportkampfes kann man die erste Alljapanische Karate-Meisterschaft 1957 betrachten. Damit ist Karate den anderen, im Westen populären Kampfsportarten ausreichend angeglichen worden, um dort angenommen werden zu können, obwohl der neue Sport grundsätzlich japanisch geblieben ist, sowohl inhaltlich, methodisch und sprachlich als auch gruppendynamisch.[6] Eine gezielte und durchgreifende Europäisierung ist bislang ausgeblieben. So haben wir es heute mit einer hierzulande relativ verbreiteten Sportart zu tun, die jedoch auf Überlieferungen der fernöstlichen Traditionen ruht und rational noch weitgehend ungeklärt geblieben ist. Die Unklarheit ist allein durch die Tatsache groß genug, daß es nicht nur einen Karate-Sport gibt, sondern viele Stilrichtungen oder Schulen, von denen jede behauptet, das richtige Konzept von Karate zu verfolgen, ohne dies einleuchtend beweisen zu können. Die große Anziehungskraft, die Karate auf die westliche Jugend ausübt, gründet mehr auf seiner Exotik – und dem Hauch der Mystik, die dem Karate noch aus seinen vorsportlichen Zeiten anhaftet – als auf seinen sportlichen Merkmalen. Aber gerade wegen des Mangels an den der westlichen Denkweise einleuchtenden Erklärungen und darauf aufbauenden Lernhinweisen wird normalerweise aus der anfänglichen Begeisterung zu bald eine Frustration: durchschnittlich erreicht nur ein/e SchülerIn von zwei- bis dreihundert AnfängerInnen die Reifestufe, den schwarzen Gürtel, d.h. den Anfang seiner/ihrer Sportkarriere.[7]

Dieses Buch soll ein Beitrag dazu sein, diesen Mangel zu beheben. Es ist ein Teilergebnis eines fortdauernden Entwicklungsprojektes zur Rationalisierung im Karate-Sport. Dieses Projekt ist schon 1971 initiiert worden, als ich die Betreuung der Karate-Hochschulgruppe und der SportstudentInnen im Wahlfach Karate am damaligen Institut für Leibesübungen (später Institut für Sportwissenschaft) der Rheinisch-Westfälischen Technischen Hochschule Aachen übernommen habe. Dort stand ich vor einem Problem, das den Kernpunkt der Versportlichung des Karates betrifft: Unserer Hochschulgruppe schlossen sich jedes Semester viele StudentInnen an, die vorher schon eine der vielen Karate-Stilrichtungen ausübten, die sie nach Möglichkeit später oder zwischendurch weitermachen wollten. Diesbezüglich hat sich innerhalb der Gruppe eine Diskussion entfacht, die in zwei heute immer noch aktuelle Fragenkomplexe zusammengefaßt werden kann:

1) Kann man in einer sportwissenschaftlichen Institution beim Karate-Unterricht einfach eine traditionsbedingte Lehrweise übernehmen, die man rational nicht hinterfragen kann bzw. darf? Wenn ja, nach welchen rationalen Kriterien kann man sich für eine von ihnen entschließen, oder muß man der Gerechtigkeit halber so viele Karate-Gruppen haben, wie eben Stilrichtungen gepflegt werden?

2) Wie kann man den Ausbildungsprozeß im Karate universalisieren, – und möglicherweise intensivieren – so daß die TeilnehmerInnen, nachdem sie ihre Hochschulstadt verlassen, in irgendeinem Karate-Verein, ungeat seiner Stilrichtung, weitermachen können, ohne Anpassungsschwierigkeiten zu erleben und aus diesem Grund das Karate aufzugeben?

Die Antwort auf beide Fragenkomplexe war – und bleibt – die unmittelbare Orientierung auf den Sportkampf und – in Abwesenheit universeller theoretischer Grundlagen im Karate – die Anlehnung an die Bewegungslehre. Daraus hat sich ein konsistent rationaler Ansatz entwickelt, wodurch der Unterricht in der Karate-Hochschulgruppe der RWTH Aachen von Semester zu Semester verbessert wurde. Schon seit einiger Zeit wird den TeilnehmerInnen mit Hilfe einer stilneutralen, unmittelbar auf den Sportkampf gerichteten Methodik das hier dargestellte Karate-Sportkampfsystem beigebracht. Dasselbe System wird auch von einigen Karate-Vereinen und weiteren Uni-Gruppen verwendet und hat auch im Ausland Fuß gefaßt.

16

Dieses Kampfsystem hat viele Mitgestalter. Während meines mehr als zwanzigjährigen Karate-Werdegangs in der Bundesrepublik, in Slowenien und in Amerika bin ich vielen Karatekas begegnet, die mich durch ihre Interpretationen und Einstellungen in meiner Entwicklung bewußt oder unbewußt beeinflußt haben. Sie alle haben unmittelbar oder mittelbar Anteil bei der Entstehung des hier dargestellten Kampfsystems, obwohl es gut möglich ist, daß nicht unbedingt jeder von ihnen mit allen meinen Darstellungen in diesem Buch ohne weiteres einverstanden wäre. Die wichtigsten möchte ich erwähnen.

Mein erster Lehrer ist Meister VLADO SCHMIDT gewesen, bei dem ich 1968 in Stuttgart die ersten Schritte und Angriffe der Jujutsu- und Karate-Selbstverteidigung gelernt habe. Die Begeisterung, mit welcher er mich angesteckt hat, hat seitdem nie nachgelassen. Als ich anschließend zwei Jahre in Slowenien verbracht habe, habe ich mich bei DR. EMIN TOPIC mit einigen Karate-Stilrichtungen vertraut gemacht: *Shotokan, Shitoryu, Shukokai* und *Sankukai.* Bei ihm habe ich nicht nur das Kämpfen gelernt, – und demzufolge als Mitglied der Nationalmannschaft auf nationaler und internationaler Ebene sportliche Erfolge erzielt – sondern auch eine von der Tradition wenig belastete Einstellung zum Karate erworben.

In jener Zeit haben mich auch einige Großmeister stark beeinflußt, so der zu früh verstorbene ARTHUR HISATAKE *(Kyokushinkai)*, und die schon erwähnten CHOJIRO TANI *(Shukokai)* und YOSHINAO NAMBU *(Sankukai).*

Obwohl sie nie meine richtigen Lehrer waren, haben noch drei Personen meinen Werdegang im Karate wesentlich mitbestimmt. Der erste ist ALBRECHT PFLÜGER mit seinem damals in zwei Bänden erschienenen Karate-Buch.[8] Dieses Buch hat in jener Zeit, besonders in Regionen, wo es noch wenig Karate-Meister gab, eine sehr wichtige Leitfunktion für viele Karatekas meiner Generation ausgeübt. Der nächste ist ZARKO MODRIC, ein Karate- und Aikido-Meister, der seit Jahren für die Zeitschrift *Black Belt* arbeitet: durch ihn habe ich einen Einblick in die Karate-Geschichte und die weltweite Karate-Szene erhalten. Der dritte ist KURT MEINEL, den kaum ein Karateka kennen wird. Er ist ein Sporttheoretiker und hat ein allumfassendes Buch über die Zusammensetzung und Gesetzmäßigkeiten der Bewegungen des menschlichen Körpers geschrieben, auf welches sich noch heute die sportwissenschaftlichen Forscher berufen.[9] Mir hat sein Buch eine für einen Karateka ungewöhnliche Beobachtungs- und Denkweise sowie ein Verständnis der grundlegenden Bewegungskategorien vermittelt. So konnte ich mir endlich die Bewegungsabläufe im Karate in bezug auf ihre gegenseitige Verwandtschaft erklären.

Hier sollen auch meine Sportkollegen erwähnt werden, mit denen ich vor meiner Abreise nach Amerika 1978, als Kämpfer, Trainer, Bundeskampfrichter und Berater der Technischen Kommission des DJB/Sektion Karate (damals der führende deutsche Karate-Verband) einiges zusammen unternommen habe. Vor allem denke ich hier an meine besten Sportfreunde aus dem Budo-Club Nippon, Hamburg, – den damals REINHARD KUBISCH geleitet hat – die in jener Zeit das Karate-Geschehen in der Bundesrepublik mit ihren Sporterfolgen und unorthodoxen Einstellungen weitgehend beeinflußt haben. Weiter möchte ich die damaligen Bundestrainer BERNHARD GÖTZ und WOLFGANG ZIEBART, den jetzigen Bundestrainer GÜNTHER MOHR, sowie den ehemaligen Spitzenkämpfer †RICHARD SCHERER erwähnen. Die Beobachtung der ihnen eigenen Kampfweisen – sowie der Kampfweisen von anderen Sportkollegen, die ich hier leider nicht alle namentlich erwähnen kann – und die Analyse ihrer Erfolge haben mittelbar das hier dargestellte Kampfsystem mitgestaltet.

Viele MitgliederInnen bzw. ehemalige MitgliederInnen der Karate-Hochschulgruppe der RWTH Aachen sowie Mitarbeiter aus kooperierenden Karate-Clubs und Uni-Gruppen haben während der langen Jahre der Forschung und bei der Entstehung dieses Buches mitgewirkt. Einigen soll besonders gedankt werden, so vor allem dem Trainer der Hochschulgruppe, Dr. Konstantin Mavrommatis, 3. Dan, und weiter Tony Strnad-Vodnik, 3. Dan (Neuseeland), Ed Weber, 3. Dan (Luxembourg), Tassos Kamaritsas, 3. Dan (Griechenland), Karl Skrabl, 3. Dan (Schweiz), Prof. Fahri Mahalla, 3. Dan (Schweiz), Silvo Maric, 3. Dan (Slowenien), Dr. Norbert Koster, 1. Dan, Dr. Editha Jankovic, 1. Dan, Sarah Obel, 1. Dan, Dr. Reiner Huba, 1. Dan, Dr. Kamal Bdair, 1. Dan (Israel), Dr. Manfred Arnold, 1. Dan, Thomas Kubicka, 1. Dan, Dr. Andreas Neuss, Matthias Emonts-Holley und noch vielen anderen, die hier nicht alle genannt werden können. Für die unmittelbare Leistung bei Fotoaufnahmen sollen noch Sylvia Domack, Hubert Baumgarten, Apostolos Kontogeorgakos, Jürgen Wagenknecht, Karsten Weiser, Georg Schoberth, Detlef Reucher und Georg Kidas erwähnt werden.

Bei der Korrektur des Textes haben Eugenie Jax und Helga Dollman-Molitor eine wertvolle Hilfe geleistet. Ein besonderer Dank geht natürlich an das Institut für Sportwissenschaft der RWTH Aachen und an seinen Direktor, Prof. Dr. Günther Lüschen – sowie an seinen Vorgänger, Prof. Dr. Franz Müller –, für die langjährige Unterstützung und besonders für das Zurverfügungstellen der Bibliothek und der Räumlichkeiten für die Fotoarbeiten.

Keine Entwicklungsarbeit, so auch diese nicht, ist mit einer Veröffentlichung endgültig abgeschlossen. Jede beitragende Kritik und Anregung wird gerne angenommen.

Herbst 1988   Rudolf Jakhel

1. HAUPTMERKMALE DES SPORT-KARATE

SPORTLICHE KOMPONENTEN DES KARATE

In diesem Buch werden nur die technisch-taktischen Grundlagen des Karate-Sports bchandelt, im Unterschied zur Karate-Kampfkunst. Um den Unterschied am kürzesten zusammenzufassen, können wir sagen: Das technisch-taktische Ziel von Karate als Kampfkunst ist die Befähigung zur Selbstverteidigung, d.h. die Vorbereitung für einen echten Kampf, während das technisch-taktische Ziel von Karate als Sport die Befähigung zur Teilnahme an sportlichen Wettkämpfen ist. Im ersten Fall geht es in der letzten Konsequenz um die Selbsterhaltung ohne Rücksicht darauf, was das für den Angreifer bedeuten könnte,[1] in dem zweiten geht es um einen Vergleich der Kampfbereitschaft, wobei sich die Gegner gegenseitig schonen. Daraus folgt, daß das verfügbare Repertoire der Kampftechniken und -taktiken im Karate-Sportkampf viel begrenzter und zugleich mehr spezialisiert ist als im echtem Kampf im Ernstfall. Und darauf kommt es an.

Es ist bekannt, daß eine allumfassende Definition des Sportes Schwierigkeiten verursacht. Hier genügt es, sich an die Feststellungen anzulehnen, wonach als Sport jene leistungsorientierte regelmäßige Körperübung zu bezeichnen ist, die gesellschaftlich institutionalisiert und durchgehend reglementiert ist,[2] und die im weitesten Sinne die folgenden Merkmale aufweist:[3]

- ◆ das Element der Wettkampfbereitschaft, d.h. das Bestreben nach Kräfte- und Gewandtheitsvergleich;
- ◆ das Bestreben nach meßbaren und möglichst guten Resultaten;
- ◆ das Bestreben nach Ökonomisierung und Rationalisierung der Anstrengungen mit dem Ziel möglichst großer Vervollkommnung;

1. Hauptmerkmale des Sport-Karate

♦ das Bestreben nach Entdeckung neuer Wege und Möglichkeiten zur Erreichung dieses Zieles;

♦ das Bestreben nach allgemeiner Verbesserung der Körperbereitschaft hinsichtlich der Gewandtheit, Schnelligkeit, Kraft und Ausdauerfähigkeit;

♦ das Bestreben nach Erhaltung der Gesundheit;

♦ das Bestreben nach Festigung der positiven Charakterzüge, des Selbstbewußtseins und der persönlichen Integrität.

Karate als eine von vielen dem geschichtlichen Ursprung nach kriegerischen Künste – man betrachte den zutreffenden englischen Ausdruck *martial arts* – konnte seine heutige Popularität und Verbreitung nur aufgrund einer gewissen Stufe der Versportlichung erlangen. Im Krieg oder Ernstfall, wo es um Leben und Tod geht, ist die Art und Weise, wie man kämpft, wesentlich anders als das Kämpfen im Sportkampf. Ein sportlicher Kampf verläuft grundsätzlich in solcher Weise, daß die physische und psychische Gesundheit beider Teilnehmer bewahrt bleibt.

Wie sich Karate bisher als Sport bestätigen kann, wird im folgenden durch die Betrachtung von drei seiner Komponenten verdeutlicht: (1) Sportethik, (2) sportlicher Wettkampf und (3) sportliches Training.

Sportethik im Karate

Eine spezifische Ethik und Moral verbindet einen bestimmten Zweig der Körperbetätigung – in unserem Falle die Kampfkünste im allgemeinen und Karate im besonderen – mit allgemeinen gesellschaftlichen Werten und Normen. Eine karatemäßige Tätigkeit wird insofern sportlich, wenn sie die immanente Tendenz und den ursprünglichen Zweck des Karate als Kampfkunst – Verursachung physischer Verletzungen – ablegt und sich in solcher Form einüben und erproben läßt, die das Leben und die Gesundheit der Teilnehmer sowie ihre persönliche Integrität nicht gefährdet. Dies kann zweierlei bedeuten.

Erstens, daß man sich die Fähigkeit zur Verursachung physischer Verletzungen – was Karate im Grunde genommen beinhaltet – nur unter dem Leitgedanken aneignet, daß das menschliche Leben und die persönliche Integrität eines jeden Individuums die höchsten gesellschaftlichen Werte darstellen. Konsequenterweise sollte die Achtung der Persönlichkeit und Schonung des Gegners im Prozeß der karatemäßigen Schulung als grundlegendes Verhaltensmuster verinnerlicht werden. So wird die „ritualisierte Aggressivität", die das notwendig gefühlfreie

Kämpfen möglich macht,[4] mit einem das Bewußtsein durchdringenden Verantwortungsgefühl geleitet, welches zugleich einen Schwellenwert darstellt, eine Grenze, die nicht übertreten werden darf.

Zweitens, daß der Prozeß der Befähigung zum Karate-Kampf nicht nur ein physisches Training ist. Neben der körperlichen, kampforientierten Selbstbeherrschung sollte sich der Sportler im Prozeß der Karate-Schulung auch allgemeine Werte und Normen für das Verhalten auf der Kampffläche sowie für das Alltagsleben aneignen. Er soll neben der Fairneß, ohne die ein Sportkampf kaum möglich ist, auch alle anderen psychischen, charakterlichen, intellektuellen und emotionalen Eigenschaften entwickeln, die für die Gesellschaftlichkeit eines jeden Menschen, besonders aber jenes Menschen, der über gefährliche körperliche Fähigkeiten verfügt, maßgeblich sind.

Sportlicher Wettkampf im Karate

Im engeren Sinne ist Sport eine Wettkampfaktivität. Der Wettkampf ist eine Form der Erprobung der dem Menschen eigenen Natur, seiner körperlichen und seelischen Fähigkeiten. Der Mensch versucht, durch Mühe, Opfer und Selbstbeherrschung, die er in der Zeit des Wettkampfes einsetzt, physisch seine Fähigkeiten zu überprüfen, sich selbst zu überwinden, seine bisherigen Grenzen des bis dahin Möglichen zu überschreiten. Die Ergebnisse drücken sich in Form von Siegen (sowie Niederlagen) und Rekorden aus.[5]

Sportliche Erprobung existiert natürlich nicht ohne Regeln, die für alle im Wettkampf Beteiligten gelten, und die die Bedingungen und die Art eines Wettkampfes sowie die Messungen der Resultate bestimmen.[6]

Die Wettkampfregeln, auch die für den Sportkampf im Karate, sind im wesentlichen eine Absprache zwischen denen, die ihre Kampffähigkeiten vergleichen wollen. Diese Absprache bestimmt die Umstände, unter welchen ein Sportkampf geführt werden kann, die erlaubten bzw. geförderten Kampfaktionen, die verbotenen Tätigkeiten, die Art und Weise der Messung bzw. der Auswertung der Angemessenheit einzelner Aktionen sowie das allgemeine Verhalten aller Beteiligten.

Die Wettkampfregeln bestimmen somit in verschiedener Hinsicht den Grad der Sportlichkeit einer Kampfart. Ihre grundlegende Bedeutung liegt darin, daß sie den Vergleich kämpferischer Fähigkeiten im Einklang mit der geltenden

Sportethik der betreffenden Kampfart und den allgemein geltenden rechtlichen Grundlagen ermöglichen. Damit erst erhält ein Sportkampf die gesellschaftliche Legitimität. Die Wettkampfregeln bestimmen die Risikostufe des Kämpfens durch Optimierung des Gleichgewichts zwischen (a) der Anregung zum Kämpfen und (b) dem Schutz der Gesundheit der Kämpfer, d.h. zwischen dem Konkurrenz- und dem Solidaritätsverhalten.[7] Das erste (a) hängt von den Bestimmungen der erlaubten und geförderten Aktionen und den Kriterien positiver Wertung ab, während das zweite (b) von den Einschränkungen der Kampfaktionen und von den Kriterien negativer Sanktionierung abhängig ist – für die Fälle, wenn dies nicht ausreichend durch die deklarierten Werte und Verhaltensnormen alleine garantiert wird.

Und das ist unserer Meinung nach das Entscheidende für die Sportlichkeit einer jeden Kampfart. Mit ihren Bestimmungen des Erlaubten und Versagten, d.h. der Bewertung und Bestrafung, geben die Wettkampfregeln einen Rahmen vor, der einen inhaltlichen und zum Teil auch methodischen Wegweiser zur Ausübung und Entwicklung einer bestimmten Kampfart als Sport darstellt.

So wie in anderen Kampfsportarten bestimmen auch im Karate die Wettkampf-regeln wesentlich die Anforderungen an die Auswahl und Priorität der Kampf-techniken und -taktiken, deren Anwendung im Sportkampf gefördert wird.[8] Diese Bestimmungen sind jedoch weder starr noch endgültig. Durch sie werden nur rahmenmäßige Einschränkungen gesetzt, innerhalb derer immer noch variations-reiche Interpretationen möglich sind, die in unterschiedlichen Repertoires von Kampfaktionen und in unterschiedlichen methodischen Vorgängen in der Schu-lung zum Sportkampf ihren Ausdruck finden. So ist es normal, daß innerhalb bestimmter Wettkampfregeln – nicht nur im Karate-Sport – verschiedene Schulen oder Stilrichtungen nebeneinander bestehen.

Diese Situation läßt erwarten, daß seitens einzelner Karate-Schulen die Konsistenz und Funktionsfähigkeit der Wettkampfregeln in unvorgesehenen Situationen dauernd auf die Probe gestellt wird, was eine wellenweise Vervoll-kommnung der Regeln – im Sinne weiterer Versportlichung des Karate – zur Folge hätte. Dies geschieht jedoch nur zögernd: Die meisten Stilrichtungen beharren in ihren traditionellen Repertoires von Kampfaktionen – auf welche zugeschnitten auch die ersten Wettkampfregeln zusammengesetzt worden sind – auch wenn in der Sportkampfpraxis ihre eigenen Vertreter nur wenig davon Gebrauch machen und anders kämpfen, als es ihnen beigebracht worden ist. Für die traditionellen Karate-Schulen stellen ihre herkömmlichen Repertoires von Kampfaktionen die Grundlage ihrer Identität dar. So haben sie wenig Interesse an wesentlichen Änderungen der Wettkampfregeln, die dann entsprechende Ände-rungen in der Auswahl und Priorität von Kampfaktionen innerhalb einzelner Stilrichtungen verlangen würden.

Sportliches Training im Karate

Ein zielorientiertes und organisiertes Training zum Sportkampf setzt zweierlei voraus: (a) ein Sportkampfsystem und (b) ein Schulungssystem.

Ein Sportkampfsystem ist jenes Repertoire, Schatz bzw. System von Kampfaktionen, d.h. Kampftechniken und -taktiken, deren Auswahl und Prioritätssetzung sich aufgrund der Interpretationen (und möglicherweise auch der erwarteten Weiterentwicklung) der geltenden Wettkampfregeln ergibt. Jede Karate-Schule bzw. Stilrichtung bevorzugt, entsprechend ihrer Einstellung zum Sportkampf, ihr mehr oder weniger eigenartiges Sportkampfsystem mit dazugehöriger Nomenklatur.

Ein Schulungssystem besteht grundsätzlich aus der Unterteilung der betreffenden Kampfaktionen nach angenommenen methodischen Schwierigkeitsgraden. Die Stufen können dem Schulungsziel, dem Schwierigkeitsgrad und der Dauer nach in verschiedenen Schulen unterschiedlich sein.

Das Bild wird noch komplizierter, weil beinahe in jeder Karate-Schule neben einem System von sportlichen Kampfaktionen auch andere karatemäßige Aktionssysteme – mit recht unterschiedlichen Gewichtungen innerhalb einzelner Schulen – gepflegt werden. Hiermit sind gemeint:

♦ das ästhetisch ausgerichtete Training von Formen – Katas;
♦ das auf die Kraftbildung gerichtete Training von Bruchtechniken;
♦ allgemeine Kampfübung zum Zwecke der Selbstverteidigung;
♦ Umgangsformen mit einzelnen Waffen und Werkzeugen, angewendet als Waffen (Schwert, Nunchaku, Kette, Stock, Sai, Tonfa, usw.);

Solche zusätzliche Schulung wird in der Regel mit der Schulung zum Sportkampf vermischt. Dies wirkt dem Bestreben, die Schulung zum Sportkampf zeitlich zu optimieren, d.h. zu intensivieren, entgegen.

Dem Sport immanentes Bestreben nach einer besseren und intensiveren Befähigung zum Wettkampf verlangt grundsätzlich eine Ökonomisierung und Optimierung der eingesetzten Anstrengungen. Dies ist das Hauptmerkmal des sportlichen Trainings. Der Grad der Sportlichkeit einer Karate-Stilrichtung spiegelt sich dementsprechend auch in dem Grad der Systematisierung und Planmäßigkeit der Schulung ihrer Mitglieder zum Sportkampf. Dies erfordert:
a) eine möglichst hohe Anwendung zweckrationaler Maßstäbe bei der Auswahl und Prioritätsetzung von Kampftechniken und -taktiken, d.h. eine möglichst klare Trennung der sportlichen Kampfaktionen von anderen karatemäßigen Aktionen, und

b) neben der planmäßigen methodischen Aufteilung der Kampfaktionen, auch stufenweise aufgebaute Motivations- und Überprüfungsmechanismen, schnelles Einbauen der Erfahrungen aus dem Sportkampf, Offenheit für wissenschaftliche Erkenntnisse über die menschlichen psychischen und physischen Fähigkeiten, usw., wobei eine systematische Vermittlung von sportlichen Werten und Normen den grundlegenden Rahmen bilden.

Hinsichtlich des bevorzugten Repertoires der Kampfaktionen für den Sportkampf unterscheiden sich einzelne Schulen grundsätzlich darin, wie sie die Kampftechniken und -taktiken miteinander verbinden. So kann im Extremfall das Sportkampfsystem einer Schule eine große Anzahl von grundlegenden Techniken haben, die als Stereotypen in wenigen, häufig vorkommenden taktischen Situationen geübt werden. Oder aber es kann im anderen Extremfall eine kleine Anzahl von grundlegenden Techniken haben, die dann in möglichst vielen taktischen Variationen geübt werden.

Bei der Systematisierung des Schulungsprozesses bemerkt man den gleichen grundsätzlichen Unterschied. Die Schulen haben ihre Schwerpunkte auf Technik und Taktik in einzelnen Ausbildungsstufen unterschiedlich verteilt. Ein logischer Aufbau des Schulungsprozesses nach Hauptphasen würde in dieser Hinsicht folgendermaßen aussehen:

1. Phase: Einführung in die kampfgerechten Bewegungsgrundlagen
Bewegungserfahrungen aus dem Alltag und aus anderen Sportarten werden auf das Bewegungsmuster übertragen, das in den Kampfaktionen angewendet wird.

2. Phase: Vorbereitung aufs Kämpfen
Die meistgebrauchten Techniken werden in häufig vorkommenden taktischen Variationen geübt.

3. Phase: Spezialisierung
Aus der Vielzahl der angebotenen Kampfaktionen werden schwerpunktmäßig jene gewählt, die dem Schüler am besten liegen; sie werden in allen möglichen Variationen technisch und taktisch vervollkommnet. Auf dieser Stufe soll die formalisierte Schulung abgeschlossen sein.

4. Phase: Generalisierung
Die Vervollkommnung der Kampfaktionen wird tendenziell auf alle Möglichkeiten, die das betreffende Muster anbietet, ausgebreitet. Diese Phase geht nie zu Ende.

Die Schulung wird stufenweise immer wieder individualisiert, wobei sich die Funktion des Lehrers in jeder Phase entsprechend ändert: von 1. bestimmend und 2. erklärend, bis 3. unterstützend und 4. beratend.

So wie die einzelnen Sportkampfsysteme können auch die dazugehörigen Schulungssysteme nicht unveränderlich sein und sind es auch nicht. Beide entwickeln sich fortdauernd im Sinne weiterer Rationalisierung. Dabei spielt die entscheidende Rolle, wie schnell und auf welche Weise die Erfahrungen aus dem Sportkampf sowie die Erfahrungen mit der Schulung zum Sportkampf verarbeitet werden. Die Einbeziehung der Wissenschaft wird dabei stufenweise mehr und mehr Bedeutung erhalten. Ein Durchforschen des Karate mit Methoden und Erkenntnissen der Bewegungslehre – der Wissenschaft über die Gesetzmäßigkeiten, die die Effektivität menschlicher Bewegungen regulieren – wird ebenso eine Bereicherung dieser Wissenschaft mit sich bringen, als auch einige Verschiebungen in der Einstellung und Schulung zum Sportkampf im Karate zur Folge haben.

Europäische Wurzeln des
Karate-Sports

Eine der Illustrationen aus dem Fechtbuch von Thalhoffer aus dem Jahre 1467. Der Verteidiger Kontert mit einem direkten Tritt.

SPORTLICHE KAMPFAKTIONEN IM KARATE

Die Grundsätze, die die Auswahl und Prioritätssetzung der Techniken und Taktiken und ihre Zusammenfügung in ein System sportlicher Kampfaktionen bestimmen, werden aus zwei Erfahrungsbereichen abgeleitet: (a) aus dem Sportkampf, in dem diese Kampfaktionen angewendet werden und (b) aus dem Schulungsprozeß, in dem dieselben Kampfaktionen erlernt werden.

Der Sportkampf wird durch die geltenden Wettkampfregeln und die vorherrschenden Interpretationen dieser Regeln bestimmt. Die sportliche Angemessenheit eines Kampfrepertoires spiegelt sich darin wider, inwieweit es (a) die Möglichkeiten, die durch die Wettkampfregeln und ihre Interpretationen eingerahmt werden, erkennt und ausnutzt und (b) zugleich auch eine Erweiterung dieser Möglichkeiten durch Änderung der Wettkampfregeln antizipiert und ihr Rechnung trägt.

Im Schulungsbereich ist im allgemeinen ein starkes Bestreben zur Intensivierung bemerkbar: Man versucht, in möglichst kurzer Zeit möglichst viel zu lernen. Je systematischer und logischer die Inhalte der Schulung sind, desto leichter und schneller wird der Prozeß des Erlernens dieser Inhalte sein.

Im folgenden werden zunächst die Merkmale des Karate-Sportkampfes mit ihren Konsequenzen für die angewendeten Kampftechniken und -taktiken erläutert. Daraufhin werden die Grundsätze einer rationellen Schulung zum Karate-Sportkampf dargestellt, die sich als Anforderungen an das zu erlernende Repertoire von Kampftechniken und -taktiken geltend machen. Schließlich werden die erforderlichen Merkmale eines auf Sportkampf gerichteten Repertoires von Kampfaktionen zusammengefaßt, die als Leitsätze für die Ausarbeitung des in diesem Buch dargestellten Karate-Sportkampfsystems berücksichtigt worden sind.

Merkmale des Karate-Sportkampfes

Ein Karate-Sportkampf ist ein Vergleichskampf, in dem die Teilnehmer demonstrieren, wie sie die Karate-Techniken und -Taktiken beherrschen. Der

Zweck ist, herauszufinden, wer von den Kämpfern im gegebenen Augenblick kampffähiger ist. Jeder Kämpfer versucht, die vitalen Punkte des Gegners zu treffen, während er gleichzeitig seine eigenen vitalen Punkte schützt. Er versucht, durch taktische Manöver den Gegner in eine Situation zu bringen, in welcher dieser seine vitalen Punkte nicht mehr schützen und dem Angriff weder entkommen noch ihn kontern kann. Befindet sich der angreifende Kämpfer zugleich auch in einer für seinen Angriff günstigen Distanz und ist startbereit, nennt man eine solche Situation ein „Taktisches Moment", kurz TM. Jeder Kämpfer versucht, das Kampfgeschehen so zu beeinflussen, daß für ihn möglichst viele und für den Gegner möglichst wenige TMs entstehen.

Das Kampfgeschehen entwickelt sich natürlich innerhalb einer Reihe von Bestimmungen, die den Vergleich und die Auswertung der Leistung erst möglich machen. Die einzelnen Bestimmungen haben für das angewendete Repertoire von Kampfaktionen verschiedene Konsequenzen, wie wir im folgenden sehen werden.

Zweikampf

Ein Kampf in Kampfsportarten ist immer ein Zweikampf, d.h. ein Duell. Folglich bereitet man sich auf einen Sportkampf anders vor als auf Selbstverteidigung, wo eine Situation von zwei Gegnern, die miteinander kämpfen, nur eine von vielen möglichen ist. Die Einstellung auf nur einen Gegner macht im Karate-Sport, ähnlich wie in anderen Kampfsportenarten, wie z.B. Boxen oder Fechten, eine spezifische Kampfstellung erforderlich. Die Kampfaktionen werden immer nur in bezug auf eine Kampfachse unternommen. Man kann sich ausschließlich auf die jeweilige Position und Handlungen des Gegners konzentrieren und den eigenen Angriff entsprechend vorbereiten, ohne sich dabei vor unerwarteten Angriffen aus anderen Richtungen schützen zu müssen. Insofern sind auch die Vorbereitungsmanöver und Angriffseinleitungsaktionen im Zweikampf spezifisch.

Begrenzte Kampfzeit

Es ist schon zur allgemeinen Regel geworden, daß die Zeit im Karate-Sportkampf auf zwei Minuten, ausnahmsweise auch auf drei Minuten begrenzt ist. Diese Kampfzeitbegrenzung macht einen wesentlichen Unterschied zwischen dem Karate als Kampfkunst und dem Karate als Kampfsport aus.

Während die Kampfkunst grundsätzlich zur Verteidigung gelernt und angewendet werden sollte, ist der Karate-Sport eine Angriffsart *par excellence*. Man soll sich nur vorstellen, bei einem Karate-Wettkampf treffen sich Gegner, die sich nur verteidigen wollen. Es käme zu keinem Angriff und damit zu keinem Kampf.

Es gäbe keine Möglichkeit festzustellen, welcher Teilnehmer kampffähiger ist. Das kann nur durch gegenseitiges Angreifen herausgefunden werden. Hat man die Kampfzeit begrenzt, dann *muß* man angreifen. Die Abwehr kann im Sport-kampf nur eine situationsbedingte Erscheinung sein, da die Kämpfer nicht jedesmal beide gleichzeitig angreifen können. Einer ist bestimmt zu einem Zeitpunkt schneller, und sein Gegner muß dann durch Abwehraktionen erst den Angriff des ersten zunichte machen, um danach selbst in den Angriff überzuge-hen. Das Warten auf den Angriff des ersten kann in solchen Fällen auch ein Manöver oder eine generelle Strategie des zweiten sein, falls er sich sicherer fühlt, erst dann anzugreifen, wenn sich der erste durch seinen eigenen Angriff entblößt und somit von selbst dem zweiten die Gelegenheit für einen Gegenangriff bietet. Im wahrsten Sinne des Wortes gibt es im Karate-Sport keine Abwehr; es gibt nur Angriffe, Gegenangriffe, Gegen-Gegenangriffe usw..

Initiative ergreifendes, offensives Verhalten ist jedem Kampfsport immanent. Dies hat maßgebliche Konsequenzen für die Auswahl und Prioritätssetzung der Kampftechniken und -taktiken. Angriff als grundsätzliche Einstellung zum Karate-Sportkampf spielt bei der Gestaltung der hier später dargestellten Kampf-kombinationen entscheidend mit.

Begrenzte Kampffläche

Es ist eine Konvention, daß die Kampffläche eben und quadratisch ist, mit auffällig gekennzeichneten Seitenlinien von acht Metern Länge. Nur das Kampf-geschehen innerhalb des Quadrates gilt als Sportkampf. Das Übertreten der Seitenlinie hat normalerweise eine Unterbrechung des Kampfes und eine Verwar-nung an den Kämpfer, der die Linie übertreten hat, zur Folge. Noch konsequenter ist es, für jede Übertretung der Linie einen Strafpunkt zu erteilen oder einen Punkt dem Gegner zu geben, der durch sein offensives Verhalten dem Ersten das Übertreten der Linie aufgezwungen hat. Das ist auch logischer, weil das Verlassen der Kampffläche einer Aufgabe gleichbedeutend ist, wenn es nicht aus bloßem Versehen, sondern als Folge einer Kampfaktion des Gegners geschieht.

Der begrenzte Raum hat also eine ähnliche Konsequenz wie die begrenzte Zeit: offensives Kampfverhalten. Man ist angespornt, anzugreifen, um den Gegner entweder innerhalb der Kampffläche mit einem Angriff zu erwischen oder ihn zu zwingen, im Rückzug aus der Kampffläche herauszutreten bzw. selbst nicht herausgezwungen zu werden.

Einschränkung der angreifbaren vitalen Punkte

Zur gegenseitigen Schonung der Gegner ist nur ein Teil der Punkte und Flächen, die am menschlichen Körper als vital betrachtet werden, als Angriffsziel im Karate-Sport zugelassen: Kopf, Brust, Rippen, Bauch. Die Angriffe auf einige Körperteile, wie Arme und Beinmuskeln, werden nicht bewertet, während die Angriffe auf die verbotenen Körperteile: Augen, Kehle, Wirbelsäule, Hoden, Knie und Schienbein bestraft werden. Dies beeinflußt die Art der Ausführung einzelner Kampfaktionen. So wird z.b. ein gerader Fußangriff wesentlich anders ausgeführt, wenn er direkt die Hoden treffen soll, als wenn er die Hoden ausdrücklich vermeiden muß und statt dessen zum Bauch gerichtet wird.

Einschränkungen des Impakts

Wegen offensichtlicher Verletzungsgefahr ist es verboten, spitze oder schwer kontrollierbare Impakt-Teile anzuwenden, wie Fingerspitzen, Ellbogenspitze und Knie. Deswegen behauptet sich die Faust als der meistgebrauchte Impakt-Teil für Stöße und Schläge. Gelegentlich werden auch die Handkante sowie Faustballen und -rücken angewendet. Bei den Fußangriffen sind die Impakte mit allen Seiten des Fußes ungefähr gleich vertreten: Ballen, Fußkante, Spann und Ferse. Bei der Auswahl von Kampfaktionen für den Sportkampf muß diesen Feststellungen Rechnung getragen werden.

Kontrolle des Impakts

Beim Angreifen der erlaubten vitalen Punkte muß man einige zusätzliche Einschränkungen in bezug auf die Stärke des Impaktes berücksichtigen. Während die Vorderseite des Kopfes (Gesicht) nur leicht oder gar nicht berührt werden darf *(touch controll)*, toleriert man nur einen leichten Impakt bei Angriffen zum Körper *(impakt controll)*. Jegliche Verletzungen ziehen Strafpunkte oder sogar Disqualifikationen nach sich.

Hier sind wir bei einem grundlegenden Problem des Karate-Sportkampfes angelangt.

Da man den Gegner nicht verletzen darf, kann man die Wirkung einer Angriffstechnik nicht richtig demonstrieren. Während man im Judo, Boxen, Fechten oder Ringen richtig kämpft, und die Wirkung eines jeden Angriffes offensichtlich ist, gibt es im Karate-Sport nur einen Schein-Kampf. Sein widersprüchliches Wesen wird am kürzesten im folgenden Wortspiel ausgedrückt.

„Im Karate-Sportkampf muß man tun, als ob man das tut, was man in Wirklichkeit nicht tun darf: erfolgreich zuschlagen. Falls man es doch wirklich tut, wird man bestraft."

Das notwendige Ausmaß der Selbstkontrolle beim Angreifen hat Konsequenzen für die technische Ausführung der Angriffe. Um den Gegner nicht zu verletzen ist es erforderlich, daß der Bewegungsablauf eines jeden Angriffes vom Anfang bis zum Ende kontrolliert wird. Dadurch wird es in jedem Augenblick möglich, entsprechend der Distanz zum Gegner, die sich aus der Kampfsituation ergibt, den Angriff abzustoppen. Diesbezüglich sind Anpassungen der Sportkampfregeln, die die Schonung des Gegners stimulieren, ohne die mögliche Wirksamkeit der einzelnen Techniken zu beeinträchtigen, schon bemerkbar. Die Wertung des Fauststoßes hat sich z.B. etwas gelockert: Man besteht nicht mehr – wie vor Jahren noch – darauf, daß nur ein gestreckter Arm (dem bei Anwendungen auf zu kurzer Distanz die meisten Verletzungen zuzuschreiben sind) einen wirksamen Angriff bedeuten kann.

Wichtigkeit der Erscheinungsform der Angriffe

Da der Karate-Sportkampf kein echter, sondern nur ein Schein-Kampf ist, und es keine tatsächliche Wirkung der einzelnen Angriffe geben kann bzw. darf, haben die Kampfrichter keine zuverlässigen Kriterien, nach welchen sie werten können, ob ein Angriff tatsächlich erfolgreich gewesen wäre oder nicht.

Ein Angriff kann als erfolgreich bewertet werden, wenn die folgenden drei Merkmale gleichzeitig erkennbar sind: (a) der Zeitpunkt ist taktisch richtig, (b) ein vitaler Punkt ist (kontrolliert!) getroffen worden, und (c) der Angriff ist kräftig genug, um den Gegner für weitere Kampfaktionen teilweise oder vollkommen unfähig zu machen (wäre er nicht kontrolliert). Während der Zeitpunkt und der Treffer augenscheinlich sind, kann man die Wirksamkeit eines abgestoppten Angriffes nur vermittelt, nach der Form des Bewegungsablaufs, erkennen. Ein Angriff also kann nur dann als wirksam bewertet werden, wenn er – angenommen der Zeitpunkt und der kontrollierten Treffer stimmen – aus einem klar erkennbaren Einsatz des ganzen Körpers erfolgt. Konsequenterweise kämpft man im Karate-Sportkampf grundsätzlich sauber, d.h. so, daß alle Angriffe in ausgeprägter und offensichtlicher Form ausgeführt werden.

Das Erkennen und Anerkennen des vollen Einsatzes bei einzelnen Angriffen ist eines der größten Probleme für die Kampfrichter. Die Unsicherheit und Unstimmigkeit darüber, was in Einzelfällen bewertet, bestraft oder unberücksichtigt bleiben soll, hat nicht nur technische, sondern auch taktische Konsequenzen für die Art des Kämpfens. In diesem Zusammenhang hat es sich als ungünstig erwiesen, wenn man nur so kämpft, daß man nach einem Angriff mit dem Kämpfen aufhört, in der Erwartung, der Angriff werde als wirksam anerkannt. Eine solche Einstellung gibt Anlaß zum typischen Kämpfen in Einzelaktionen, wobei man sich anschließend sofort in die Ausgangsstellung zurückzieht und – was man in den letzten Jahren allzuoft gesehen hat, als der Angriff von der Rückseite unverständlicherweise verboten worden ist – sogar dem Gegner den Rücken zudreht.

Statt dessen ist es viel besser, seine Überlegenheit in einer bestimmten Kampfsituation durch mehrere Angriffe nacheinander – natürlich in ausgeprägter Form und mit vollem Einsatz des Körpers – zu demonstrieren. Dabei kombiniert man grundsätzlich jeweils so viele Angriffe miteinander, wie es technisch möglich und taktisch sinnvoll ist. Man bricht eine solche Angriffsfolge erst dann ab, wenn es in dem Bewegungsablauf aufgrund der geänderten Kampfsituation zu einer Pause gekommen ist (dies kann auch schon nach dem ersten Angriff der Fall sein), oder wenn der Kampfrichter den Kampf unterbricht. Solches Kampfverhalten entspricht viel mehr dem Wesen des sportiven Kämpfens und erhöht die Chance für die Anerkennung der Wirksamkeit wenigstens eines der erfolgreichen Angriffe, besonders wenn man dabei den Gegner aus der Kampffläche hinausgedrängt hat. Nach den Sportkampfregeln mit Mehr-Punkte-Bewertung kann man damit in einem Zusammenstoß auch zwei oder sogar drei Punkte gewinnen – und die Entwicklung der Sportkampfregeln geht eindeutig in der Richtung der Mehr-Punkte-Bewertung.

Einschränkungen bei wiederholten Angriffen

Es ist ein allgemeiner und in der Praxis bestätigter Konsens, daß man zwei oder mehrere gleichartige Angriffe ohne eine dazwischengelegte Einleitungsphase zum Ausholen für den neuen Angriff nicht als wirksam anerkennen kann. Dies betrifft besonders jene Kämpfer, die dazu neigen, wiederholt mit der gleichen Hand oder abwechselnd mit beiden Händen anzugreifen, wobei kein richtiges Ausholen stattfindet (pumpen), d.h. der Körper nicht voll eingesetzt wird. Die Einschränkung bezieht sich auch auf Fußangriffe, die nur mit dem Aus- und Einschnappen des Unterbeines wiederholt werden. Sie kommen in der Praxis jedoch selten vor, und ihre schwache Wirkung ist offensichtlich.

Die Infragestellung der Wirkungskraft der einzelnen Angriffe entsteht jedoch nicht, wenn man mit einer Angriffsfolge angreift. Wenn man eine Serie von Angriffen, Fuß-Hand, Fuß-Fuß-Hand usw., in einem Bewegungsfluß anwendet, leitet der vorangehende Angriff den darauffolgenden ein. So wird jeder einzelne Angriff in einer Angriffsfolge mit Einsatz des ganzen Körpers ausgeführt.

Einschränkungen bei bewerteten Techniken

Nach den gebräuchlichsten Kampfregeln im Karatesport bewertet man nur Stöße, Schläge und Tritte, die auf vitale Punkte gerichtet sind. Andere Techniken, die ebenso den Gegner wenigstens zeitweise kampfunfähig machen (können) oder sonst die Überlegenheit des Angreifers demonstrieren, wie z.B. Fegen, situationsbedingte Würfe oder zeitweise Kontrolle des Gegners durch Handgriffe oder Sperrungen (Clinchtechniken), werden nicht bewertet. Die Regeln sehen vor, daß solche Techniken höchstens als Vorbereitungen der darauffolgenden Schlagangriffe bei der Bewertung berücksichtigt werden. In der Praxis kommt es jedoch vor, daß die Kampfrichter, besonders bei einem begeisterten und aktiven Publikum, gut gelungenes Fegen oder einen Wurf mit einem Punkt belohnen, auch wenn anschließend keiner oder nur ein sichtbar schwacher Schlagangriff erfolgt ist. Solche Bewertungen sind nicht nur verständlich sondern entsprechen sogar der Logik des Kampfes.

Man kann eine Weiterentwicklung der Sportkampfregeln in dieser Hinsicht – wenigstens langfristig – logischerweise erwarten. So ist es dann für den Kämpfer vorteilhafter, wenn seine Angriffsfolge mit einer Abschlußaktion endet, die die Kontrolle des Gegners durch zeitweise Sperrung seiner Hände sowie Erhaltung eigener Kampfbereitschaft sichert. Auf diese Weise ist der Angreifer in der Lage, sofort weiterzukämpfen.

Merkmale der Schulung zum Karate-Sportkampf

Ähnlich wie in anderen Sportarten verlangt das Bestreben nach einer intensiveren bzw. gründlicheren Schulung zum Sportkampf die Berücksichtigung einiger Grundsätze, die die Zusammensetzung des zu erlernenden Kampfsystems beeinflussen. Für unsere Zwecke genügt es, nur die allgemeinsten zu erwähnen.

Sportkampf als didaktisches Ziel

Es wurde schon erwähnt, daß in den Schulungsprozessen vieler Karate-Schulen auch andere Handlungssysteme, die nicht auf den Sportkampf orientiert sind, mit dem Sportkampfsystem vermischt und mancherorts fest verschmolzen sind. Durch den Zwang, ein oder mehrere dieser Systeme zu beherrschen (am meisten betrifft das die Katas), die dann auch den Erwerb der einzelnen Gürtel und damit den Zugang zum Sportkampf bedingen, wird die Schulung zum Sportkampf unnötig kompliziert und verzögert. Obwohl auch andere karatemäßige Handlungssysteme ihre eigenen Formen sportlicher Erprobung entwickelt haben, – oder gerade deswegen – macht eine Rationalisierung der Schulung zum Sportkampf eine klare Abtrennung von anderen Schulungsprozessen erforderlich, so daß ausschließlich auf Sportkampf gerichtete Kampftechniken und -taktiken systematisch gelernt werden können.

Logischer Aufbau

Erinnern wir uns wieder daran, daß dem Karate-Sportkampf ein spezifisches Problem immanent ist, und zwar, nicht das tun zu dürfen, was im Karate das eigentliche Kampfziel ist, nämlich den Gegner tatsächlich zu treffen. Daher kann man die Qualität der einzelnen erfolgreichen Angriffe nicht an ihrer Wirkung messen, sondern an der Erscheinungsform ihrer Bewegungsabläufe. Je vollkommener, richtiger, sauberer und schließlich auch schöner und eindrucksvoller ein Angriff ausgeführt wird, desto höher sind die Chancen der positiven Bewertung. Natürlich kann man sich der Vollkommenheit eines Bewegungsablaufes nur annähern, was eine intensive und verhältnismäßig lange Übung verlangt. Aus diesem Grunde wird der Karate-Sport immer eine relativ lange Schulung zum Sportkampf erfordern, auch wenn das gelernte Kampfsystem ausschließlich aus sportkampfspezifischen Techniken und Taktiken besteht.

Diese Tatsache allein erfordert ein Sportkampfsystem, das nach klar erkennbaren Grundsätzen aufgebaut ist. Je systematischer und logischer nämlich das gelehrte Kampfsystem ist, desto leichter und schneller wird auch die Schulung sein können. Dies bedeutet, daß einzelne Kampfaktionen als Bestandteil des Sportkampfsystems einen inneren Zusammenhang aufweisen sollen, der optisch und verstandesgemäß wahrnehmbar sein soll. Dazu gehören auch eine entsprechende Nomenklatur und Kodierung, die die inneren Zusammenhänge und Verwandtschaften der einzelnen Bewegungen und Stellungen widerspiegeln.

Verknüpfung mit der Bewegungslehre

Der Karatesport wird zugänglicher und die Schulung zum Sportkampf einfacher, je weniger das Sportkampfsystem exotische Züge aufweist und je mehr es der vorherrschenden, rationalen Denkweise entspricht. Die Verknüpfungen mit anderen, im Alltagsleben oder aus anderen Situationen gut bekannten und allgemein gebrauchten Bewegungsmuster, so z.B. aus anderen Sportarten, sollen gut erkennbar sein. Die bisherigen Erkenntnisse der Bewegungslehre bieten uns dafür eine gute Grundlage und den besten Entwicklungsrahmen.

Einfachheit

Der didaktische und praktische Grund für eine Aufteilung der Schulung im Karate-Sport in klar abtrennbare Stufen stellt eine weitere Anforderung an das zu erlernende Kampfsystem. Um leichter und logischer gelehrt zu werden, muß es aus verhältnismäßig wenigen Elementen mit einer Vielfalt von Anwendungsvariationen, die in klaren Einheiten miteinander verbunden sind, aufgebaut sein.

Förderung der Individualität

In jeder Schulung, so auch in der karatesportlichen, werden die Schüler in den höheren Schulungsstufen darin gefördert, eigene kreative Beiträge zu leisten. Für das gelernte Repertoire der Kampfaktionen bedeutet dies, daß es Freiräume für individuelle Interpretationen geben muß, d.h. es muß ein offenes System sein.

Entwicklungsfähigkeit

Entdeckungen neuer Möglichkeiten zur Anwendung der einzelnen Techniken und Taktiken, die im Schulungsprozeß entdeckt und anschließend im Sportkampf überprüft werden, sowie neue Situationen im Sportkampf, die in die Schulung übernommen werden, sind die Quellen der Weiterentwicklung eines jeden Sportkampfsystems. Es muß so zusammengestellt sein, daß es Modifikationen und Neuerungen aufzunehmen fähig ist, ohne dabei seinen Systemcharakter zu verlieren. Es muß also ein dynamisches System sein.

Erforderliche Systemmerkmale eines Karate-Sportkampfrepertoires

Entsprechend den Merkmalen des Karate-Sportkampfes und den Anforderungen, die sich aus der Tendenz zur Intensivierung und Effizienzsteigerung der Schulung zum Karate-Sportkampf ergeben, müssen Kampftechniken und -taktiken auf solche Weise ausgewählt und in Zusammenhang gebracht werden, daß das daraus resultierende Karate-Sportkampfsystem folgende grundlegenden Merkmale aufweist. Es muß:

- auf eine Aktionsrichtung abgestimmt sein;
- auf dem Angriff als dem strategischen Leitsatz gründen;
- aus Angriffsaktionen bestehen, die
  - in Kombinationen aufeinander folgen
  - fließend, ohne Stockungen ineinander übergehen
  - sich voneinander deutlich unterscheiden lassen
  - kontrolliert ausgeführt werden
  - sich nicht ohne Zwischenphase wiederholen
  - mit einer Kontrolle des Gegners abgeschlossen werden, aus welcher nach Bedarf unmittelbar ein neuer Angriff begonnen werden kann;
- frei von nicht auf Sportkampf gerichteten Elementen sein;
- aus rational ableitbaren Bewegungselementen bestehen;
- allumfassend, systematisch und logisch aufgebaut werden;
- aus wenigen Grundbestandteilen bestehen, die jedoch eine variationsreiche Anwendung ermöglichen;
- Freiräume für individuelle Interpretationen anbieten;
- anpassungs- und entwicklungsfähig sein.

Unser Karate-Sportkampfsystem versucht, so weit wie möglich diesen Anforderungen Rechnung zu tragen. In den folgenden zwei Teilen dieses Buches werden zunächst seine technischen und taktischen Grundlagen dargestellt, aus welchen dann anschließend die dargebotenen Anwendungsmöglichkeiten entwickelt werden.

Europäische Wurzeln des Karate-Sports

Illustration aus dem Buch von J. G. Pascha, Vollständiges Ringbuch, *aus dem Jahre 1666. Der Angreifer schlägt mit dem Ellenbogen zu.*

Szene mit der Ausgangskampfstellung auf einer altgriechischen Vase.

Im Gegensatz zu der geltenden Meinung hat Europa seine eigenen und reichen Wurzeln der Kampfsportarten. Das, was zu uns unter exotischen Namen aus dem fernen Osten gekommen ist, haben in ihren eigenen Formen schon die alten Ägypter und Griechen gekannt. Diese Traditionen der Antike haben die mittelalterlichen europäischen Fecht- und Ringmeister erfolgreich fortgesetzt, wie uns viele alte Bücher und Illustrationen bezeugen. Die Schlußfolgerung, daß sich die asiatischen Vorformen des heutigen Karate erst unter dem starken Einfluß der Freistilkämpfer ALEXANDERS DES GROSSEN entwickelt haben, – sie gehörten zu den makedonischen Militäreinheiten, die in den besetzten und neugegründeten Städten Nord-Indiens zurückgelassen worden sind – scheinen einem Teil der Historiker nicht unbegründet zu sein. Zu dieser Erklärung neigt sogar der Gründer des weltverbreiteten Karate-Kampfstils Kyokushinkai, der japanische Meister OYAMA, dem die altgriechischen Freistilkämpfer als echte Vorbilder galten. Gerade die abgebildete Vorkampfstellung kann man heute in einigen japanischen Karate-Stilrichtungen wiedererkennen.

2. BESTANDTEILE DES KAMPFREPERTOIRES IM SPORT-KARATE

Im alltäglichen Sprachgebrauch und ebenso im Kampfsport werden die Ausdrücke „Technik" und „Taktik" relativ unscharf voneinander abgetrennt verwendet. Dies ist auch verständlich, da in einer Kampfsituation eine Technik nur in der einen oder anderen taktischen Variation angewendet werden kann und zugleich auch jede taktische Aktion immer gewisse technische Grundlagen hat. Letzten Endes ist eine Unterscheidung zwischen Technik und Taktik für alle an einem Sportkampf Beteiligten – Kämpfer, Kampfrichter und auch Zuschauer – nicht maßgebend. Ihre Aufmerksamkeit ist der Wirksamkeit der einzelnen Kampfaktionen und nicht einer Unterscheidung zwischen ihren technischen und taktischen Elementen gewidmet.

Diese Unterscheidung gewinnt jedoch während der Vorbereitung bzw. Schulung zum Kämpfen an Bedeutung. Je konsequenter und logischer die technischen und taktischen Grundlagen eines Kampfsystems voneinander unterschieden werden, desto systematischer kann die Schulung zum Sportkampf vor sich gehen.

Unter Technik verstehen wir hier die Zusammensetzung der Bewegungsabläufe, die zu einer optimalen – optimal in bezug auf eigene motorische Fähigkeiten – Einleitung und Ausführung sowie zu einem optimalen Abschluß eines Angriffes mit der Hand oder dem Fuß notwendig sind. Eine Technik wird dann optimal ausgeführt, wenn dabei die größtmögliche Wirkung entsteht: Jeder Angriff muß mit vollem Einsatz ausgeführt werden, d. h., daß die Masse des ganzen Körpers maximal beschleunigt und der so entstehende Impuls auf den den Angriff ausführenden Körperteil (Hand oder Fuß) und schließlich durch einen Impakt mit minimalen Verlusten auf den Gegner übertragen werden muß. Dabei wird vorausgesetzt, daß der Ausführende in guter Verfassung ist, d.h. physisch gesund und psychisch kampfbereit ist.

Reine Technik kann jedoch nur in einer Umgebung durchgeführt werden, die den Ausführenden in keiner Weise bei seinen Aktivitäten stören. Jeder Störfaktor beeinflußt die Ausführung einer Technik.

Im Karate-Sport ist der maßgebende Störfaktor der Gegner, den man angreifen will. Er bewegt sich hin und her auf der Kampffläche und wechselt damit die Richtung und Distanz zum angreifenden Kämpfer. Darüber hinaus ist er auch zum Kontern und selbst zum Angreifen bereit, was eine Verunsicherung des Ausführenden mit sich bringt; selbst wenn er nicht angegriffen wird, werden seine eigenen Angriffe bewegungstechnisch nicht mehr rein, da er sich einerseits durch entsprechende Schutzhaltung der Hände vor den möglichen Angriffen des Gegners schützen muß, und andererseits die Schutzhaltung des Gegners vor dem Angriff beseitigen muß. Aber auch andere Umstände können als Störfaktoren auftreten, so z.B. die Oberfläche des Kampfbodens, die rutschig oder zu grob sein kann, Lichtverhältnisse, Raumtemperatur, usw.

Sofort, wenn Störfaktoren bei der Ausführung einer Technik eintreten, kommt die taktische Anwendung zum Tragen. Nun müssen die Bewegungsabläufe nicht nur in bezug auf eigene Fähigkeiten des Ausführenden, sondern auch in bezug auf die umgebungsbedingten Störfaktoren optimiert werden. Die Technik wird nicht mehr rein, sondern der jeweiligen Situation angepaßt, d.h. variiert und modifiziert, durchgeführt.

Im folgenden werden zunächst die technischen Grundlagen unseres Kampfsystems dargestellt. Es wird beschrieben, aus welchen Bewegungsabläufen, die uns aus dem Alltagsleben und anderen Sportarten bekannt sind, die Karate-Techniken abgeleitet werden können, und wie diese Techniken den einleitend zusammengefaßten Voraussetzungen entsprechend in Kombinationen zusammengesetzt werden. Darauffolgend wird eine Übersicht über die taktischen Grundlagen gegeben: Das Kampfgeschehen wird auf seine taktische Struktur hin analysiert, und anschließend werden die Schutz- und die Aktionstaktiken im einzelnen beschrieben.

TECHNISCHE BESTANDTEILE

Bewegungsmäßige Verwandtschaft zu anderen Sportarten

Ähnliche Bewegungsabläufe, wie sie in Karate-Angriffen vorkommen, kann man auch in anderen Sportarten erkennen. Nennen wir einige Beispiele (vgl. auch Abb. 1–15):

Sportart:	Einzelaktion:	Karate-Aktion:
Fechten	Angriff mit Ausfall	einseitiger Fauststoß *(oi-tsuki)*
Sprint	Start bzw. Laufschritt	diagonaler Fauststoß *(gyaku-tsuki)*
Kugelstoßen	Stoßen der Kugel	diagonaler Faust- oder Handkantenstoß *(gyaku-tsuki/shuto)*
Handball	Hüft-kernwurf	diagonaler Faustschlag *(gyaku-tetsui)*
Hürdenlauf	Sprung	diagonaler gerader Kick *(gyaku-mae-geri)*
Fußball	kreis-förmiger Kick	diagonaler kreisförmiger Kick *(gyaku-mawashi-geri)*

| 1 | 2 | 3 | 4 |

Abb. 1–15:
Ähnlichkeit der Aktionen im Karate und in andern Sportarten

| 5 | 6 |

7

Abb. 1–9:
Verwandte Aushol- und Ausstoßbewegungen

| 8 | 9 |

10   11

Abb. 10–11: Ahnlicher Verlauf des seitlichen Sprungs

Abb. 12–13: Ähnlicher Start; Bei jedem Schritt kickt man mit dem Knie

12   13

Abb.. 14–15: Ähnlich schwungartige Fußhebung während schneller Vorwärtsbewegung

15   14a   14b

Noch verblüffendere Ähnlichkeiten – nicht nur in Einzelaktionen, sondern im grundlegenden Bewegungsmuster im allgemeinen – kann man bei der Rhythmischen Sportgymnastik, beim Eiskunstlauf und sogar beim Ballett entdecken. Dies ist jedoch nicht allzu verwunderlich, denn die Gesetze der Bewegung, denen der menschliche Körper unterliegt, sowie die Mechanik der Bewegungsabläufe, sind überall dieselben – nur der eigentliche Zweck der einzelnen Bewegungen variiert von Sportart zu Sportart. Aus diesem Grund sollen die technischen Grundlagen unseres Karate-Sportkampfsystems von den für uns relevanten Erkenntnissen der Bewegungslehre – und zwar von der ihr zugrundeliegenden morphologischen Betrachtungsweise ausgehend aufgebaut werden.

Für unsere Zwecke ist die maßgebliche Unterscheidung von Bewegungsabläufen in anderen Sportarten die Unterscheidung zwischen zyklischen (z.B. Sprint) und azyklischen (z.B. Kugelstoßen) Aktionen.

Die zyklischen Aktionen bestehen aus wechselweisen Verwringungen und gleichzeitigen, intensiven Gewichtsübertragungen nach vorne während eines jeden Schrittes. Bei einer Verwringung dreht sich der Oberkörper und bewegen sich die Arme in entgegengesetzter Richtung, wie sich die Hüften drehen und die Beine bewegen. Auf diese Weise wird das Gleichgewicht während der Fortbewegung bei jedem Schritt erhalten. Bei jeder Verwringung entsteht eine Spannung, die die Arbeit des Startbeines beim Abstoßen des Körpers nach vorne unterstützt und eine neue Verwringung einleitet. Die zyklischen Aktionen sind typisch für das Sprinten bzw. Laufen, wo sie aufeinandergereiht ausgeführt werden. Aber auch einige Einzelaktionen werden auf dieselbe Weise ausgeführt, so z.B. die meisten Kicks im Fußball.

Die azyklischen Aktionen bestehen aus Bewegungskategorien wie Verwringung, Entwringung, Gewichtsübertragung und Vorbeugung oder Aufrichtung des Oberkörpers, je nach dem Zweck der betreffenden Aktion. Die Entwringung verursacht eine ähnliche Spannung im Körper wie die Verwringung und erleichtert bzw. leitet die endzweckerfüllende Wiederverwringung ein. Für uns sehr relevante Beispiele dafür sind alle Würfe, Stöße und Schläge (Hüftkernwurf, Kugelstoß, Speerwurf, Forehand, usw.), wie sie in einzelnen Sportarten vorkommen. Die Entwringung kann, im Zusammenhang mit Gewichtsverlagerung und Schrittverlängerung nach vorne, auch als Endzweck erfüllend angewendet werden, wie z.B. im Fechten beim Angriff mit Ausfall.

Die Karate-Aktionen sind aus zyklischen und azyklischen Bewegungsabläufen zusammengesetzt. Unserer strategischen Forderung nach einem Bewegungsschema, das aufeinanderfolgende Angriffe in einer ununterbrochenen Serie ermöglichen soll, entsprechen zunächst die zyklischen Bewegungsabläufe. Aus ihnen werden die zyklischen und auch die azyklischen Bewegungsfolgen für Einzelangriffe – die *Angriffsabläufe* – abgeleitet. Diese werden anschließend so miteinander kombiniert, daß kontinuierliches Angreifen mit abwechselnd zyklischen und azyklischen Angriffen möglich wird.

Angriffsabläufe

Wir gehen von dem am häufigsten gebrauchten und deswegen als grundlegend zu betrachtenden Angriff im Karate-Sport aus: dem Fauststoß oder, um einen breiteren Begriff zu benutzen, dem Handangriff. Er wird in zwei Hauptformen ausgeführt, die dahingehend unterschieden werden, welches Bein in bezug auf die angreifende Hand zur Erhaltung des Gleichgewichts vorgesetzt wird:

a) als gegenseitiger *(gyaku)* bzw. *diagonaler* Handangriff mit der dem vorgestellten Bein entgegengesetzten Hand und

b) als gleichseitiger *(oi)* bzw. *einseitiger* Handangriff mit dem vorgestellten Bein und der angreifenden Hand auf der gleichen Seite.

Auch die Fußangriffe werden in den gleichen zwei Formen – diagonal *(gyaku)* und einseitig *(oi)* – ausgeführt.

Diese zwei Angriffsformen bedingen die Benutzung von zwei grundsätzlich verschiedenen Angriffsabläufen im Karate. Ungeachtet dessen besteht jedoch jeder Angriffsablauf aus zwei Phasen bzw. Takten, aus der Einleitung und aus der Ausführung des Angriffes, und kann beliebig oft, ohne Zwischenbewegungen, wiederholt werden, wie noch näher erklärt wird.

Handangriffe

a) Diagonaler Handangriff

Als Grundlage unseres Bewegungsschemas nehmen wir wieder das Laufen bzw. Sprinten. Der Sprinter bewegt sich schlagartig mit einzelnen Laufschritten fort (vgl. Abb. 13, 14a + b, S. 41). Jeder Schritt kommt durch das Abstoßen des ganzen Körpers und den Schwung des Armes auf der Seite des Startbeines (Schwungbeines) nach vorne, was alles zusammen die Verlagerung des Körpergewichts auf das vorläufige Standbein bewirkt. Nun wird der Rumpf völlig verwrungen, und das bisherige Standbein verwandelt sich in das Startbein, indem es den Rumpf auf seiner Seite nach vorne abstößt; dabei wird auch der Arm auf derselben Seite nach vorne geschwungen sowie das Bein auf der entgegengesetzten Seite nach vorne geschleudert. Der ganze Körper bewegt sich nach vorne. Während das vorgeschobene Bein landet, um das Körpergewicht zu übernehmen, verwringt sich der Rumpf wieder und der Schrittzyklus wiederholt sich anschließend. Die gleichen impulserzeugenden, -verstärkenden und -übertragenden Bewegungen werden zu diagonalen Angriffen im Karate ausgenutzt.

Bleiben wir zunächst beim Handangriff. Um einen Handangriff karatemäßig auszuführen, muß der Impuls maximal sein. Dafür brauchen wir einen einleitenden Schritt, der zuerst den Rumpf maximal verwringt und damit verbunden die Arme zum Handangriff „bereitspannt". Erst im zweiten Schritt kommt es zum Handangriff. Dieser Zwei-Takt-Angriffsablauf sieht wie folgt aus (vgl. auch Abb. 16–21, S. 48/49):

♦ *Erster Schritt:* Einleitung des Angriffes: *Bereitspannung*

Aus einer beliebigen Stellung macht man einen Schritt nach vorne. Dabei wird der sich in Schulterhöhe vorwärts bewegende Arm – mit der Außenhandkante nach vorne und dem Ellenbogen nach unten gedreht – schlagartig so weit wie möglich ausgestreckt. Das nennt man einen Blockstoß. Währenddessen wird der zum Hauptangriff sich vorbereitende Arm schlagartig zurückgezogen (dies ist der Form nach gleich einem Ellenbogenstoß gerade zurück), wobei die Hand in der Faustform mit dem Daumen zum Körper gedreht ist (vgl. z.B. Abb. 80, S. 89), – es kann aber auch die offene Hand sein, mit den Fingerspitzen nach vorne gedreht (vgl. z.B. Abb. 19, S. 48) – neben die Brust in die Bereithaltung gerät. Der Schritt endet mit der Diagonalstellung, d.h. ein Fuß und die ihm entgegengesetzte Hand befinden sich in der vorderen Stellung. Dabei wird das Gewicht vorwiegend auf den vorderen Fuß verlagert, der Körper wird bis-es-nicht-weiter-geht verwrungen und aufrecht gehalten, und die Hände werden auseinandergezogen, als ob man einen Bogen zum Pfeilabschießen spannen würde (Vgl. Abb. 19, S.48). Diese Stellung – die natürlich nur einen Bruchteil der Sekunde als solche sichtbar ist, da sich ja alles in Bewegung befindet – ist mit Spannung geladen, die den nächsten Schritt einleitet und den Start beschleunigt.

♦ *Zweiter Schritt:* Ausführung des Angriffes   *Fauststoß*

Der zweite Schritt wird so ausgeführt, daß die Arme, bis kurz bevor der nach vorne gestartete Fuß landet, auseinandergezogen und gespannt gehalten werden. So entsteht eine Entwringung, aus der die angreifende Hand, auf die durch die Fortbewegung des ganzen Körpers schon eine Beschleunigung übertragen wird, beim Ausstoßen eine zusätzliche Beschleunigung erhält. Da die Faust oder Handkante gleichzeitig mit dem Fuß auf ihr imaginäres Ziel landen muß (um das dynamische Gleichgewicht zu erhalten), dabei jedoch eine mehrmals längere Distanz als der Fuß in der letzten Phase zu überwinden hat, erhält sie durch die intensive Streckung des Armes eine weitere Beschleunigung. Auf diese Weise wird der Impuls des Angriffes, der potentiell auf den Gegner übertragen wird, maximiert. Der Weg der angreifenden Faust bzw. Hand nähert sich, so weit es geht, einer Geraden, beide Ellenbogen sind während der Ausführung nach unten gedreht, die vorher vordere Hand wird gleichzeitig mit dem Handangriff in die Bereithaltung zurückgezogen.

b) Einseitiger Handangriff

Um einen einseitigen *(oi)* Handangriff ausführen zu können, wird der Ablauf der beiden Takte, Einleitung und Ausführung, etwas modifiziert.

Nehmen wir zunächst an, den Einleitungsschritt genauso wie für den diagonalen Handangriff ausgeführt zu haben. Nun folgt noch die Ausführung des Angriffes: Durch eine schlagartige Drehung – d.h. Entwringung – des Oberkörpers wird die durch die vorangehende Verwringung erzeugte Spannung freigesetzt. Die Hände wechseln schlagartig ihre Stellungen, ohne daß jedoch dabei das Bein, das der angreifenden Hand entgegengesetzt ist, zugleich nach vorne versetzt wird. Während der Ausführung des einseitigen *(oi)* Handangriffes wird also der Schritt, der sonst beim diagonalen *(gyaku)* Handangriff zu einer neuen Verwringung führen würde, unterdrückt. Statt dessen verlagert man schlagartig das Körpergewicht noch weiter nach vorne, was mit einem Ausfall des vorderen Beines, d.h. des Beines auf der gleichen Seite, auf der die Hand angreift, abgefangen wird. Man befindet sich nach dem ausgeführten Angriff in einer Seitenstellung (vgl. z.B. Abb. 34, 35, S. 59). Ähnlich wie bei dem diagonalen Handangriff muß auch hier die angreifende Hand den ganzen Weg von der Bereithaltung bis zur völligen Ausstreckung in der gleichen kurzen Zeit zurücklegen, die der Fuß zum Landen nach dem Ausfall braucht. Folglich kommt es zu ähnlicher, für die Maximierung des Impulses notwendiger Zusammenwirkung der drei Beschleunigungen der angreifenden Hand wie beim diagonalen *(gyaku)* Handangriff: Den Endimpuls des Angriffes bewirken zusammen die Verwringung, die Fortbewegung des Körpers beim Ausfall und die Muskelarbeit des angreifenden Armes selbst.

Auch den einseitigen *(oi)* Handangriff kann man zyklisch wiederholen, wobei man wechselweise das eine Mal mit der linken und das andere Mal mit der rechten Hand angreift.

Fußangriffe

Jeder Handangriff wird erst in der Phase der Landung des aktivierten Fußes ausgeführt und erreicht den Höhepunkt der Impulserzeugung, d.h. kulminiert, gleichzeitig mit der Beendigung des Schrittes bei diagonalen *(gyaku)* Angriffen, oder des Ausfalles bei einseitigen *(oi)* Angriffen, bzw. unmittelbar vor der Vollendung des Absetzens des Fußes.

Dagegen wird jeder Fußangriff nur während eines Schrittes ausgeführt, und kulminiert unmittelbar bevor die Landung des Fußes beginnt. Die verschiedenen Fußangriffe entstehen durch Variationen im Zusammenwirken des Startes des angreifenden Beines mit dem Abstoßen, Ausstrecken (Abstoß-Streckung) und Drehen (Abstoß-Streck-Drehung) des gewichtstragenden Standbeines, und dem daraus resultierenden Ausstoßen und Ausstrecken des Angriffsbeines. Dabei wird der Angriffsablauf in der Form modifiziert und im Rhythmus unterschiedlich unterbrochen. Auf diese Weise kommen verschiedene Arten von Kicks zustande. Die große Anzahl von möglichen Fußangriffen, die im Sportkampf angewendet werden, teilen wir in sechs grundlegende Typen auf, die später bei den Kombinationen näher beschrieben werden:

◆ Angriffstyp I: Schritt oder Ausfall vorwärts
                            (Abb. 32–34, 55–57, S. 59, 71)

◆ Angriffstyp II: gerader Kick vorwärts *(mae-geri;*
                            Abb. 38, 61, S. 61, 73)

◆ Angriffstyp III: kreisförmiges Fegen oder Haken des Beines des
                            Gegners *(ashi-barai/ko-soto-bari;*
                            Abb. 41, 64, S. 63, 75)

◆ Angriffstyp IV: kreisförmiger Kick vorwärts *(mawashi-geri;*
                            Abb. 44, 67, S. 65, 77)

◆ Angriffstyp V: gerader Kick rückwärts *(ushiro-geri/ushiro-yoko-*
                            geri; Abb. 49, 73, S. 67, 79)

◆ Angriffstyp VI: kreisförmiger Kick rückwärts *(ushiro-mawashi-*
                            geri/ura-mawashi-geri; Abb.52, 76, S. 69, 81)

Jeder von den sechs Fußangriffstypen wird entweder diagonal *(gyaku)* oder einseitig *(oi)* in bezug auf die Oberkörper- bzw. Händehaltung ausgeführt. Dementsprechend gibt es auch hier von jedem Angriffstyp zwei Ausführungsformen: die diagonale *(gyaku)* und die einseitige *(oi)*, und demzufolge zwölf Arten der Fußangriffe.

Kombinationsschemata

Zusammensetzung

In der Bewegungslehre wird bei jeder intensiven, aus mehreren Bewegungen zusammengefügten Handlung bzw. Aktion, eine räumlich-zeitliche Dreigliederung festgestellt, d.h. eine Unterteilung in drei Hauptphasen unterschieden: Einleitung, Ausführung und Abschluß. Die Abschlußphase wird zu einer Einleitungsphase, jedesmal, wenn sich die betreffende Aktion zyklisch wiederholt. Die allerletzte Aktion in einer Serie von zyklisch wiederholten Aktionen endet immer mit einer Abschlußphase. Das gleiche trifft im Karate-Sport zu.

Bisher haben wir zwei grundlegende Zwei-Takt-Angriffsabläufe beschrieben, die unendlich oft wiederholt werden können. Wird nun ein Angriff nur einmal oder als der letzte in einer Angriffsfolge ausgeführt, muß er mit einem Abschlußtakt enden. Dieser dritte Takt wird ebenso wie die vorangehenden zwei Takte grundsätzlich aus einem Schritt mit einer Handaktion bestehen. Da wir jedoch gerade deswegen unseren Angriff abschließen, weil wir nicht mehr vorangehen können oder wollen, wird die Abschlußaktion immer nur eine Handaktion mit einem unterdrückten Schritt sein.

Hier ergeben sich wieder zwei grundlegende Möglichkeiten. Ein diagonaler *(gyaku)* Angriff wird mit einer einseitigen *(oi)* Handaktion abgeschlossen, und ein einseitiger *(oi)* Angriff wird mit einer diagonalen *(gyaku)* Handaktion abgeschlossen. Der Verlauf ist in beiden Fällen gleich. Während der schlagartigen Drehung des Oberkörpers und der damit zusammenhängenden Ausführung des Blockstoßes, wird auch das hintere Bein etwas näher versetzt, so daß aus der langen Angriffsstellung wieder eine normale diagonale oder seitliche Stellung entsteht, und man dadurch erneut zum Starten und Angreifen bereit ist.

Somit ergeben sich zwei Drei-Takt-Schemata, nach welchen die grundlegenden, in sich abgeschlossenen Kombinationen von Fuß-Hand-Angriffen zusammengestellt sind. Die drei Takte werden in bezug auf den Handangriff in der Reihe nach als Einleitungs-, Ausführungs- und Abschlußtakt benannt.

Das erste ist das Schema für einseitige Kombinationen. Es fängt grundsätzlich aus einer Diagonalstellung *(gyaku-dachi)* an.[*] Dabei befinden sich die Hände in der Übergangshaltung, als ob sie gerade einen Blockstoß beendet hätten. Nach einem Schritt vorwärts im Einleitungstakt führt man einen einseitigen *(oi)* Handangriff in dem Ausführungstakt aus, schließt mit einem diagonalen Blockstoß *(gyaku-shuto)* ab und endet damit wieder in einer Diagonalstellung *(gyaku-dachi)*. Während der drei Takte kommt man nur einen Schritt voran. Der Ablauf ist bildlich dargestellt (Abb. 16–22, S. 48/49).

Das zweite ist das Schema für diagonale Kombinationen. Es fängt am besten aus einer Seitenstellung bzw. seitlichen Übergangsstellung (oi-dachi) an. Nach

---

[*] Dies ist nur eine Ausgangsstellung für die analytische Darstellung und keine Kampfstellung.

Zu Abb. 16:
Ausgangslage: Diagonalstellung (gyaku-dachi). Die Hände in der Übergangshaltung, d.h. auseinandergezogen, die rechte Hand mit der Handkante nach vorne gedreht und weit vorgeschoben, die linke in der Faustform in der Bereithaltung neben der Brust, aber noch nicht zum Angreifen gespannt, beide Ellenbogen nach unten gedreht; die Beine etwas gekrümmt, das Körpergewicht belastet etwas mehr das vordere Bein; die Hüften etwas eingezogen, die Schulter gelassen, der Hinterkopf hoch gehalten.

16

Zu Abb. 17:
Ungefähr das erste Drittel des ersten Taktes. Der Start beginnt. Das Körpergewicht wird durch eine Abstoß-Streckung des hinteren Beines und die dadurch eingeleitete Eindrehung der rechten Hüfte und der ganzen rechten Seite des Oberkörpers und des rechten Armes stoßartig nach vorne verlagert. Gleichzeitig wird die bereitgehaltene Hand und die linke Seite des Oberkörpers zurückgezogen: Es kommt zu völliger Verwringung und damit zur Akkumulation der Spannung, die für die nächste Aktion ausgenutzt wird.

17

18

Zu Abb. 18:
Ungefähr das zweite Drittel des ersten Taktes, der sonst für verschiedene Fußangriffe ausgenutzt wird. Hier hat der zum Schritt gestartete rechte Fuß die vordere Lage – kurz vor der Landung – erreicht. Das linke Standbein hat inzwischen das ganze Körpergewicht übernommen und die Fortbewegung des Körpers durch eine Abstoß-Streckung zusätzlich zu beschleunigen begonnen. Damit ist die Entwringung des Körpers eingeleitet worden, worauf ein schockartiger Händewechsel folgte: Die linke Hand wurde zum Blockstoß ausgestoßen und die rechte zurückgezogen.

19

Zu Abb. 19:
Das Ende des ersten Taktes: Diagonalstellung. Der Schritt mit dem einleitenden Blockstoß und Bereitspannung der rechten Hand ist beendet. Das ist jedoch keine statische Stellung, denn der Körper ist völlig verwrungen und die akkumulierte Spannung wird sofort und fließend für den Start zum darauffolgenden Angriff ausgenutzt.

Zu Abb. 20:
Ungefähr die Hälfte des zweiten Taktes. Das linke Startbein stößt die linke Körperseite nach vorne ab, wird jedoch selbst nicht nach vorne geschleudert. Die Spannung der Verwringung wird statt durch einen neuen Schritt durch die Drehung des ganzen Körpers mit der rechten Seite nach vorne (Eindrehung) als Entwringung entladen. Dabei dreht sich die ganze linke Seite (Bein, Hüfte, Oberkörper) von der Richtung des Angriffes weg bzw. ab (Abdrehung). Dadurch ist die angreifende rechte Hand schockartig nach vorne ausgestoßen worden, während die linke Hand durch die Abdrehung der linken Hüfte zurückgezogen wird (Händewechsel).

20

21

Zu Abb. 21:
Ende des zweiten Taktes: Seitenstellung (oi-dachi). Während der Endphase des Hände-wechsels wird der Körper völlig entwrungen, was mit dem Vollenden des Hauptangriffes – hier des rechten einseitigen Handkantenstoßes (oi-shuto) – und Bereitspannung der linken Hand zum neuen Angriff zusammenfällt. Der hintere Fuß fängt in diesem Augenblick schon den Ab-stoß mit Eindrehung in der Richtung des Angrif-fes an.

22

Zu Abb. 22:
Ende des dritten Taktes: Diagonalstellung. Die Eindrehung des linken Beines ist über die Ein-drehung der linken Hüfte schockartig auf die Schulter und die Arme übertragen worden und endet nun mit einem abschließenden diagonalen Blockstoß (gyaku-shuto). Der Körper ist wieder verwrungen und zum neuen Angriff bereit.

Abb. 16–22: Ablauf des Drei-Takt-Schemas für einseitige Kombinationen

23

Zu Abb. 23:
Ausgangslage: Seitenstellung (oi-dachi). Die
Hände befinden sich in der Übergangshaltung,
die Beine sind etwas gekrümmt, die Füße schul-
terbreit und schrittweit auseinandergesetzt
sowie entsprechend der Lage der Hüften ge-
dreht; die Hüften sind etwas eingezogen, Schul-
ter gelassen, der Hinterkopf wird hoch gehal-
ten; das Körpergewicht ist etwas mehr auf den
vorderen Fuß verlagert.

24

Zu Abb. 24:
Ungefähr ein Drittel des ersten Taktes. Der
seitliche Start – eine Variante des normalen
Starts – beginnt: Der Körper wird allein durch
den Abstoß des rechten Fußes und Ausstreckung
des rechten Beines, bei einer nur geringfügigen
Eindrehung der rechten Hüfte, nach vorne be-
schleunigt. Der Oberkörper und die Arme wer-
den dabei nicht eingesetzt.

25

Zu Abb. 25:
Ungefähr zwei Drittel des ersten Taktes. Das
nach vorne gestartete rechte Bein befindet sich
neben dem Standbein, welches das volle Kör-
pergewicht übernimmt und die Fortbewegung
des Körpers zusätzlich durch Abstoß-Strek-
kung zu beschleunigen beginnt. Der Oberkör-
per und die Hände werden immer noch nicht
eingesetzt und befinden sich weiterhin in der
Übergangshaltung.

26

Zu Abb. 26:
Ende des ersten Taktes: Diagonalstellung
(gyaku-dachi). Der einleitende Schritt ist voll-
endet. Während der rechte Fuß landete, wurden
die Hände stoßartig gewechselt. Der Körper ist
nun völlig verwrungen, die Abstoß-Streckung
des linken Fußes und Beines fängt schon an.

27

28

29

Zu Abb. 27:
Etwas mehr als die Hälfte des zweiten Taktes. In diesem Takt können verschiedene Fußangriffe ausgeführt werden: Hier befindet man sich mitten im Schritt vorwärts. Das Standbein hat schon angefangen, den Körper zusätzlich zu beschleunigen. Die Verwringung, die zum Start verholfen hat, hat sich schon entladen, und eine neue, entgegengesetzte Verwringung ist im Gange. Der Schock des Startes, der die Entwringung eingeleitet hat, ist auch auf die Hände übertragen worden: nach einem Ausstoß greift nun die rechte Hand an, während die linke zurückgezogen wird.

Zu Abb. 28:
Ende des zweiten Taktes: Diagonalstellung (gyaku-dachi). Der zweite Schritt ist vollendet. Während der vordere Fuß landete, wurde der Hauptangriff mit der rechten Hand – hier der diagonale Handkantenstoß (gyaku-shuto) – ausgeführt und die andere Hand wurde schlagartig in die Bereithaltung zurückgezogen. Der Körper ist wieder verwrungen, und schon beginnt die Abstoß-Drehung des rechten Beines, wodurch das schockartige Ausstoßen der linken Hand eingeleitet wird.

Zu Abb. 29:
Ende des dritten Taktes: Seitenstellung (oidachi). Beim unterdrückten Schritt wurde durch die Eindrehung der linken Hüfte, übertragen durch die linke Schulter, die linke Hand zum abschließenden Angriff ausgestoßen und befindet sich nun in einem einseitigen Blockstoß (oi-shuto), während die andere Hand bereitgespannt wird. Der Körper ist entwrungen und wie am Anfang zum neuen Start bereit.

Abb. 23–29: Ablauf des Drei-Takt-Schemas für diagonale Kombinationen

dem einleitenden Schritt greift man mit einem weiteren Schritt mit der entgegengesetzten *(gyaku)* Hand an, schließt mit einem einseitigen Blockstoß *(oi-shuto)* ab und endet damit wieder in der Seitenstellung *(oi-dachi)*. Während der drei Takte kommt man zwei Schritte voran. Der Ablauf ist bildlich dargestellt (Abb. 23–29, S. 50/51)

Nun können in den beiden Drei-Takt-Schemata auch die Fußangriffe mit Handangriffen kombiniert werden. In einseitigen *(oi)* Kombinationen greift man mit dem Fuß in dem ersten, und in den diagonalen *(gyaku)* Kombinationen in dem zweiten Takt an. Wie das genauer verläuft, wird in der folgenden Darstellung der bewegungstechnischen Zusammensetzung der grundlegenden Kombinationen verdeutlicht. Bevor wir jedoch dazu übergehen, ist es notwendig, die dabei angewendete Kodierung zu erklären.

Benennung

Die Bestimmung der Nomenklatur und die Auswahl der Symbole haben entscheidende Bedeutung für das Verständnis und die Handhabung eines Systems. Dies trifft auch für unser Karate-Sportkampfsystem zu. Im folgenden werden die Symbole dargestellt, die in diesem Buch angewendet werden. Sie sind so ausgewählt worden, daß die Aufbaulogik und die Verwandtschaften der einzelnen Aktionen und Stellungen zueinander deutlich zum Ausdruck kommen.

Zunächst müßen wir die rechte und die linke Hand vom rechten und linken Fuß in Symbolen unterscheiden, wie dies in der folgenden Tabelle dargestellt ist.

Seite:	Rechts	Links
Hand	A	B
Fuß	R	L

Weiter wissen wir auch schon, daß seitliche *(oi)* und diagonale *(gyaku)* Stellungen vorkommen, die mit Seitenstellung und Diagonalstellung bezeichnet werden, je nachdem, ob sich das Bein und der Arm der derselben Seite oder der entgegengesetzten Körperseiten in der vorderen Stellung befinden. Ob eine Stellung als rechts oder links bezeichnet wird, entscheidet das vordere Bein. Dementsprechend gibt es vier Stellungen, wie folgt:

Stellung	Rechte	Linke
Seitenstellung	RS	LS
Diagonalstellung	RD	LD

Die Handangriffe werden in bezug darauf bezeichnet, ob sie mit der rechten (A) oder mit der linken (B) Hand erfolgen, und dazu einseitig *(oi)* oder diagonal *(gyaku)* ausgeführt werden, wie folgt:

Handangriff	Rechts	Links
Einseitig 1	A1	B1
Diagonal 2	A2	B2

Wenn es bei Kombinationen unwichtig wird, ob die linke oder rechte Hand bzw. der rechte oder linke Fuß angreift, wendet man die folgende Bezeichnung an:

S – für eine einseitige *(oi)* Kombination

D – für eine diagonale *(gyaku)* Kombination

Bei den Symbolen für Fußangriffe gibt es weitere Differenzierungen. Die Bezeichnung der einzelnen Fußangriffe wird aus der Bezeichnung der Fuß-Handangriff-Kombination abgeleitet und richtet sich jeweils nach dem dem Fußangriff folgenden Handangriff in folgender Weise.

Jeder Fußangriffstyp – der mit einer der römischen Zahlen von I bis VI bezeichnet wird – hat konsequenterweise zwei Ausführungsformen, die mit zwei nebeneinanderliegenden arabischen Zahlen bezeichnet werden:

♦ Leitet der Fußangriff einen einseitigen Fauststoß *(oi-tsuki)* ein – verläuft selbst aber diagonal *(gyaku-geri)*, so wird er mit einer der ungeraden Zahlen von 1 bis 11 bezeichnet.

♦ Ein Fußangriff aber, der einen diagonalen Fauststoß *(gyaku-tsuki)* einleitet – und dabei selbst einseitig verläuft *(oi-geri)* – wird mit einer der geraden Zahlen 2 bis 12 bezeichnet.

Aus praktischen Gründen gibt es hier eine Einschränkung: die Bezeichnungen Fußangriff 1 und Fußangriff 2 (für einen Schritt bzw. Gleitschritt) werden normalerweise nicht angewendet, da sie in der Bezeichnungen für dazugehörige Handangriffe (1 und 2) schon beinhaltet sind. Es ist einfacher, den jeweils entsprechenden Namen zu benutzen, d.h. Schritt oder Gleitschritt. Das sind keine echten Fußangriffe, denn sie greifen weder einen vitalen Punkt noch das Gleichgewicht, sondern lediglich die Distanz an.

Fußangriff:	Rechts	Links
Diagonal	R3,R5,R7,R9,R11 leitet A1 ein	L3,L5,L7,L9,L11 leitet B1 ein
Einseitig	R4,R6,R8,R10,R12 leitet B2 ein	L4,L6,L8,L10,L12 leitet A2 ein

Tabelle 1: Zusammensetzung der Kombinationen

	1	2	3	4	5	6	7	8	9	10	11	12	13	14	15	16	17	18	19	20	21	22	23	24
KOMBINATION — Typ	I				II				III				IV				V				VI			
Form — Einseitig	S				S				S				S				S				S			
Form — Diagonal			D				D				D				D				D				D	
Numero	1		2		3		4		5		6		7		8		9		10		11		12	
Ausführung	A	B	A	B	A	B	A	B	A	B	A	B	A	B	A	B	A	B	A	B	A	B	A	B
FUSSANGRIFF — Richtung	vorwärts																rückwärts							
Linie	gerade								kreisförmig								gerade				kreisförmig			
Art	Schritt				Kick				Fegen				Kick				Kick				Kick			
Typ	I				II				III				IV				V				VI			
Numero	1		2		3		4		5		6		7		8		9		10		11		12	
Form — Einseitig			S				S				S				S				S				S	
Form — Diagonal	D				D				D				D				D				D			
Seite — Rechts	R		R		R		R		R		R		R		R		R		R		R		R	
Seite — Links		L		L		L		L		L		L		L		L		L		L		L		L
HANDANGRIFF — Richtung	vorwärts																							
Linie	gerade																							
Art	Stoß oder Schlag																							
Typ	I																							
Numero	1		2		1		2		1		2		1		2		1		2		1		2	
Form — Einseitig	S				S				S				S				S				S			
Form — Diagonal			D				D				D				D				D				D	
Seite — Rechts	A		A		A		A		A		A		A		A		A		A		A		A	
Seite — Links		B		B		B		B		B		B		B		B		B		B		B		B

Die Kombinationen, die im nächsten Kapitel detai..
werden so kodiert, daß die Art des jeweiligen Fuß- t..
ersichtlich wird. Dabei verschmelzen die Bezeichnunge..
darauffolgenden Handangriff miteinander. So reicht es z.B..
schreiben. Die ungerade Zahl 5 impliziert die diagonale Au..
migen Fußangriffes sowie die einseitige Ausführung des Ha..
sich der Buchstabe A auf einen Angriff mit der rechten Hand..
der ungeraden Kombination – auch auf den rechten Fußgri..

Wir werden anschließend bzw. etwas weiter auch mit zwe..
Raumbegriffen zu tun haben, die ähnlich, aber nicht identisch si..
achse und die Angriffsachse. Die *Kampfachse* verbindet die Sch..
zwei sich gegenüberstehenden Kämpfer. Die *Angriffsachse* verbinde..
fenden Fuß oder die angreifende Hand mit dem angegriffenen vitalen..
dritte Raumbegriff, der schon hier erklärt werden muß, ist die *Angriff..*
ist jene Linie, die der angreifende Fuß oder die angreifende Faust wä..
Ausführung des Angriffes beschreibt. Weitere Raumbegriffe werden s..
dem taktischen Teil, detailliert erklärt (vgl. Abb.100, S. 98).

Merkmale der Kombinationen

Die sechs Angriffstypen ergeben, einseitig und diagonal ausgeführt, zusamme..
die zwölf grundlegenden Kombinationen. Das sind die technischen Stereotypen
in unserem Repertoire der Kampfaktionen. Die beigelegte Tabelle 1 (S. 54) gibt
einen Überblick über dieses Grundgerüst unseres Sportkampfsystems. Sie veranschaulicht, wie einzelne Kombinationen zusammengesetzt sind, und wie sie
miteinander verwandt sind. Als Erläuterung zu dieser Tabelle können wir
zusammenfassend die Merkmale der Kombinationen feststellen:

♦ Eine Kombination ist grundsätzlich eine Folge von einem Fußangriff und
  unmittelbar darauffolgendem Handangriff, die mit einer Abschlußaktion
  endet.

♦ Jede Kombination wird nach dem Drei-Takt-Schema aufgebaut: Einleitung, Ausführung und Abschluß des Handangriffes.

♦ Es gibt zwei Formen von Kombinationen:
  • die einseitigen *(oi)* Kombinationen, wobei der Fuß und die Hand der
    gleichen Seite angreifen; diese Kombinationen werden mit ungeraden
    Zahlen von 1 bis 11 bezeichnet; und
  • die diagonalen *(gyaku)* Kombinationen, wobei der Fuß und die Hand
    der entgegengesetzten Seiten angreifen; diese Kombinationen werden
    mit geraden Zahlen von 2 bis 12 bezeichnet.

◆ Jedem Handangriff geht ein Fußangriff voraus und zwar:
  - in den einseitigen *(oi)* Kombinationen geht ein diagonaler Fußangriff in dem ersten Takt einem einseitigen Handangriff in dem folgenden Takt voraus *(gyaku-geri* und *oi-tsuki)*; und
  - in den diagonalen *(gyaku)* Kombinationen geht ein einseitiger Fußangriff in dem zweiten Takt einem diagonalen Handangriff in dem gleichen Takt voraus *(oi-geri* und *gyaku-tsuki)*.

◆ Entsprechend dem angewendeten Fußangriff gibt es:
  - sechs Typen von Kombinationen, die ebenso wie die Typen der Fußangriffe mit römischen Zahlen von I bis VI bezeichnet werden;
  - zwölf Arten von Kombinationen, die ebenso wie die Arten der Fußangriffe mit Zahlen von 1 bis 12 bezeichnet werden.

◆ Entsprechend dem angewendeten Handangriff gibt es zwei Ausführungen für jede Art der Kombination, und zwar:
  - die A-Ausführung, wenn die rechte Hand angreift, und
  - die B-Ausführung, wenn die linke Hand angreift.

◆ Jede Kombination wird im dritten Takt mit einem schlagartigen Händewechsel abgeschlossen – um für einen weiteren Angriff wieder startbereit zu werden – und zwar:
  - die einseitigen *(oi)* Kombinationen in der Diagonalstellung *(gyaku-dachi)*, und
  - die diagonalen *(gyaku)* Kombinationen in der Seitenstellung *(oi-dachi)*.

◆ Dementsprechend werden die Kombinationen in ihrer analytischen Darstellung wie folgt begonnen:[*)]
  - die einseitigen *(oi)* Kombinationen mit der Diagonalstellung *(gyaku-dachi)*, und
  - die diagonalen *(gyaku)* Kombinationen mit der Seitenstellung *(oi-dachi)*.

Im folgenden werden die A-Kombinationen im einzelnen beschrieben; die B-Kombinationen verlaufen spiegelbildlich.

Die zwölf Kombinationen werden hier analytisch nach Phasen dargestellt, bewegungstechnisch rein, d.h. alle Bewegungen werden mit maximaler Koordination untereinander ausgeführt. Dabei ist die Ausführung eines jeden Fußangriffes zugleich die Einleitung des Handangriffes, und der Abschluß des Fußan-

---

[*)] Es wird betont darauf hingewiesen, daß dies keine didaktische Darstellung ist. D.h., daß man die Kombinationen nicht auf diese Art lehrt, wie sie hier dargestellt werden. Die analytische Darstellung dient dem Verstehen der einzelnen Elemente und ihrer Verbindungen im Rahmen des ganzen Repertoires.

Kombination wird mit der Einleitung des Fußangriffes begonnen und mit dem Abschluß des Handangriffes beendet.

Die einzelnen Kombinationen werden hier nach den wichtigsten Phasen einzelner Takte beschrieben. Die Takte und ihre Teile (Phasen) dauern nicht bei allen Kombinationen gleich lang, da die einzelnen Fußangriffe den Schrittrhythmus unterschiedlich lang unterbrechen. Je mehr man sich dreht und je höher der Fußangriff zielt, um so länger dauert der betreffende Takt.

Die Fuß- und Handangriffe reichen verschieden weit. Um jede einzelne Kombination im ganzen ausführen zu können, wird angenommen, daß sich der imaginäre Gegner nach dem entsprechenden Fußangriff in eine für den darauffolgenden Fauststoß ideale Distanz zurückzieht.

Die zwölf Kombinationen werden in der folgenden Darstellung in bezug auf die zwei Formen gruppiert: Zuerst werden alle einseitigen *(oi)* und anschließend alle diagonalen *(gyaku)* Kombinationen nacheinander beschrieben, so daß die technische Verwandtschaft der einzelnen Kombinationen untereinander innerhalb einer Formgruppe deutlich erkennbar bleibt.

Europäische Wurzeln
des Karate-Sports

Aus dem Kodex *von Wallerstein*
um das Jahr 1470.
Der Verteidiger führt einen
direkten Tritt aus.

57

30	31	32
Diagonale Aus-gangsstellung (gyaku-dachi)	*Start*	*Abstoß-Streckung des Standbeines für den Schritt beginnt.*

Einseitige Kombinationen

Kombination 1A

Abb. 30:
Ausgangslage: die linke, diagonale Ausgangsstellung LD (gyaku-dachi; vgl. Abb. 16, S. 48). Die rechte Seite des Körpers (Bein, Hüfte, Schulter) etwas eingedreht und der rechte Arm locker in der Blockstoßform ausgestreckt, der linke Arm zusammengezogen, mit der Faust in der Bereithaltung, aber noch nicht zum Ausstoßen gespannt, das Körpergewicht etwas nach vorne verlagert.

Abb. 31:
Ungefähr ein Fünftel des ersten Taktes. Der diagonale Start beginnt (vgl. auch die Beschreibung zur Abb. 17, S. 48): Durch das Abstoßen des rechten Fußes und Ausstreckung (Abstoß-Streckung) des rechten Beines werden die rechte Hüfte und die rechte Schulter noch weiter nach vorne gedreht (Eindrehung) und der rechte Arm ganz ausgestreckt, während die linke Hand zum Ausstoß bereitgespannt wird. Das Körpergewicht wird dadurch schwungartig nach vorne verlagert, wobei die rechte Seite des Oberkörpers voreilt. Die Verwringung des Körpers hat den Endpunkt erreicht, die Spannung ist maximal.

Abb. 32:
Ungefähr die Hälfte des ersten Taktes. Die Spannung hat sich durch die Entwringung entladen. Das gestartete rechte Bein befindet sich nun neben dem linken Standbein, das gerade das Körpergewicht übernommen hat. Seine Abstoß-Streckung und die dadurch bewirkte Eindrehung der linken Hüfte hat schon begonnen; die linke Hand ist schon ausgestoßen worden und der Händewechsel findet statt.

Abb. 33
Ungefähr vier Fünftel des ersten Taktes. Aus der weiteren Abstoß-Streckung des Standbeines, die auch die weitere Eindrehung der linken Hüfte und des Oberkörpers verursacht, erhält der sich ausstreckende linke Arm weitere Beschleunigungen. Die rechte Körperseite dreht sich dabei in der entgegengesetzten Richtung (Abdrehung) und die rechte Hand, wird in die Bereithaltung rückwärts beschleunigt.

33	34	35	36
Mitten im Schritt	*Bereitspannung zum* *Handangriff*	*Einseitiger Faust-* *stoß (oi-tsuki)*	*Abschluß:* *diagonaler* *Blockstoß* *(gyaku-shuto)*

Abb. 34:
Das Ende des ersten Taktes. Die dynamische, rechte, diagonale Übergangsstellung. Der rechte Fuß befindet sich in diesem Augenblick noch in der Luft, kurz vor der Landung, während die Arme völlig auseinandergezogen und zum Angriff bereitgespannt sind. Während das Standbein den ganzen Körper immer noch nach vorne beschleunigt, ist die Verwringung und damit die Spannung schon maximal. Die sich immer noch im Zurück-ziehen befindende rechte Hand wird durch die Fortbewegung der rechten Hüfte geschockt, d.h. der rückwärts wirkende Impuls wird durch entgegengesetzte Beschleunigung nach vorne umgeleitet und verstärkt; das Herausstoßen der Faust beginnt.

Abb. 35:
Das Ende des zweiten Taktes. Der Form und Wirkung nach ist das der Höhepunkt des Handangriffes bzw. des einseitigen rechten Fauststoßes zum Kopf (oi-tsuki-jodan); dabei wird die ganze Muskelkette, die beim Handangriff seit dem Ausstoß tätig war, für einen kurzen Augenblick angespannt, um den (hier nur imaginären) Rückstoß beim Impakt aufzunehmen. Neben den Beschleunigungen aus der weiteren Entwringung des ganzen Körpers sowie aus der Ausstreckung des Armes, hat die angreifende Hand auch neue Beschleunigungen aus der Fortbewegung des Körpers während der Verlängerung des Schrittes (zwischen dem Augenblick des Schockens der Hand und der Landung des Fu-ßes) erhalten. Die Fortbewegung des Körpers ist noch nicht ganz ausgelaufen. Dies, die Entwringung, der ausgestreckte Arm sowie der lange Schritt und die angespannte Musku-latur, ergeben in diesem Augenblick eine neue Spannung, die als Rückstoß anschlie-ßend zur Einleitung der Abschlußaktion ausgenutzt wird.

Abb. 36:
Das Ende des dritten Taktes. Die rechte, diagonale Ausgangsstellung (gyaku-dachi) RD. Die Spannung, die sich mit der Kulminierung des Handangriffes ergeben hat, entlädt sich durch leichtes Starten des linken Beines sowie durch kurze Fortbewegung des gan-zen Körpers und Eindrehung der linken Hüfte: Es folgt die entsprechende Drehung des Oberkörpers mit einem schlagartigen Wechsel der Händehaltung. Im Augenblick, wenn der abschließende linke diagonale Blockstoß kulminiert, wird der gestartete Fuß hinter dem vorderen Fuß auf den Boden gesetzt, wobei das vordere Bein immer noch den größe-ren Teil des Körpergewichtes trägt. Die Kombination 1A ist damit abgeschlossen, man befindet sich wieder, startbereit, in der gleichen Stellung, wie am Anfang.

30
Diagonale Aus-
gangsstellung
(gyaku-dachi)

31
Start

37
Ansatz zum
geraden Kick

Kombination 3A

Abb. 30:
Ausgangslage: die linke, diagonale Ausgangsstellung (gyaku-dachi) LD.

Abb. 31:
Ungefähr ein Fünftel des ersten Taktes. Beginn des Startes.

Abb. 37:
Ungefähr die Hälfte des erste Taktes. Das rechte Bein ist nach vorne geschleudert wor-
den und befindet sich nun gekrümmt, mit dem Knie hoch, in der vorderen Lage, welche es
während des Ausstoßens durchläuft. Für den Ausstoß wird neben der Arbeit der Musku-
latur des Angriffbeines die Beschleunigung benutzt, die das Standbein durch seine Ab-
stoß-Streckung erzeugt und auf den Körper, insbesondere aber auf die Hüften, überträgt.
Die den rechten Fußangriff führende linke Hand ist schon nach vorne ausgestoßen wor-
den, der Händewechsel findet gerade statt.

38	39	35	36
Diagonaler, gerader Kick (gyaku-mae-geri)	Bereitspannung zum Handangriff	Einseitiger Faust-stoß (oi-tsuki)	Abschluß: diagonaler Blockstoß (gyaku-shuto)

Abb. 38:
Ungefähr vier Fünftel des ersten Taktes. Der Form und Wirkung nach ist dies der Höhepunkt des gegenseitigen, geraden Kicks (gyaku-mae-geri) mit dem rechten Fuß zum Körper. Der Endimpuls, der auf das Ziel übertragen wird (hier nur imaginär), resultiert aus dem Ausstoßen des Fußes, der Fortbewegung des ganzen Körpers und aus der Beschleunigung des Unterbeines, die durch eine schnappartige Ausstreckung zustande kommt. Während der Kulmination des Kicks wird die ganze Muskelkette, die die Beschleunigung erzeugt und übertragen hat, kurz angespannt, um den Rückstoß zu kompensieren. Der Körper wird verwrungen und die Hände werden auseinandergezogen, jedoch noch nicht zum Angriff bereitgespannt.

Abb. 39:
Ende des ersten Taktes. Die dynamische, rechte, diagonale Übergangsstellung. Das rechte Unterbein ist zurückgeschnappt worden, der Fuß hat jedoch noch nicht den Boden erreicht. Nun werden die Verwringung des Körpers und die Bereitspannung der Hände vollendet. Die zum Angriff sich bereitspannende rechte Hand wird durch die Vorwärtsbewegung der rechten Hüfte geschockt; der Ausstoß zum Faustangriff beginnt.

Abb. 35:
Ende des zweiten Taktes. Der rechte, einseitige Fauststoß (oi-tsuki).

Abb. 36:
Ende des dritten Taktes. Die rechte, diagonale Ausgangsstellung (gyaku-dachi) RD nach dem linken Blockstoß (shuto). Die Kombination 3A ist damit abgeschlossen und man ist wieder startbereit.

30	31	40
Diagonale Aus-	*Start*	*Ansatz zum*
gangsstellung		*Fegen*
(gyaku-dachi)		

Kombination 5A

Abb. 30:
Ausgangslage. Die linke, diagonale Ausgangsstellung (gyaku-dachi) LD.

Abb. 31:
Ungefähr ein Fünftel des ersten Taktes. Der Start mit dem rechtem Fuß beginnt.

Abb. 40:
Ungefähr die Hälfte des ersten Taktes. Nach dem Start ist das rechte Bein halbkreisförmig dicht über den Boden nach vorne getragen worden und befindet sich nun seitlich vor dem linken Bein, das gerade das ganze Körpergewicht übernommen hat, und beginnt nun, die Fortbewegung des Körpers zusätzlich zu beschleunigen. Dies drückt sich in einem starkem Vorschieben der Hüften aus. Zugleich verwringt sich der Körper und der Händewechsel findet statt.

41	42	35	36
Diagonaler Fegeangriff (ashi-barei)	*Bereitspannung zum Handangriff*	*Einseitiger Faust- stoß (oi-tsuki)*	*Abschluß: diagonaler Blockstoß (gyaku-shuto)*

Abb. 41:
Ungefähr vier Fünftel des ersten Taktes. Der Höhepunkt des rechten, diagonalen Fege- angriffes (ashi-barai) auf den Fuß des Gegners. Das fegende Bein hat sich schlagartig von rechts nach links und zugleich etwas nach vorne bewegt; der fegende Fuß wird dabei so gehalten, daß die Sohle den Gegner auf dem Fußgelenk träfe. Die Beschleunigung des Körpers durch das Standbein ist bei diesem Angriff besonders ausgeprägt auf die Hüften gerichtet. Es findet auch eine starke Körperverwringung – und zeitweise Zurücklehnung des ganzen Oberkörpers – statt, die zusammen mit dem Händewechsel zur Erhaltung des Gleichgewichtes während des Fegens beiträgt. In dieser Phase wird jedoch die Verwringung und Bereitspannung noch nicht vollendet.

Abb. 42:
Ende des ersten Taktes. Die dynamische, rechte, diagonale Übergangsstellung. Durch starke Verwringung ist es möglich gewesen, die Fegebewegung kontrolliert zu stoppen und das rechte Bein auf seine Angriffsachse zurückzuziehen, jedoch noch nicht auf den Boden zu setzen. Die Verwringung ist maximal und die bereitgespannte Hand wird gera- de durch die sich eindrehende rechte Hüfte geschockt: Der Ausstoß beginnt.

Abb. 35:
Ende des zweiten Taktes. Der Höhepunkt des rechten, einseitigen Fauststoßes (oi-tsuki).

Abb. 36:
Ende des dritten Taktes. Die rechte, diagonale Ausgangsstellung (gyaku-dachi) RD nach dem Blockstoß (shuto). Die Kombination 5A ist damit abgeschlossen und man ist wieder startbereit.

30	31	43
Diagonale Aus-	*Start*	*Ansatz zum kreisför-*
gangsstellung		*migen Kick*
(gyaku-dachi)		

Kombination 7A

Abb. 30:
Ausgangslage. Die linke, diagonale Ausgangsstellung (gyaku-dachi) LD.

Abb. 31:
Ungefähr ein Fünftel des ersten Taktes. Start des rechten Fußes.

Abb. 43:
Ungefähr die Hälfte des ersten Taktes. Durch den Start ist das rechte Bein mit dem Knie so hoch wie möglich und etwas außerhalb der geraden Angriffslinie geschleudert worden und hat nun die Ausstoßlage erreicht. Damit ist neben der Fortbewegung des ganzen Körpers auch eine Drehung der Hüften eingeleitet worden, die das Standbein übernimmt und ihr durch Abstoß-Streckung zusätzliche Beschleunigungen erteilt. Dadurch wird der rechte Fuß zum kreisförmigen Angriff ausgestoßen, wobei der Körper durch die Verwringung das Gleichgewicht erhält und die entgegengesetzte Hand durch die Ausstreckung den Fußangriff führt.

44	45	35	36
Diagonaler kreisför- miger Kick (gyaku-mawashi-geri)	Bereitspannung zum Handangriff	Einseitiger Faust-stoß (oi-tsuki)	Abschluß: diagonaler Blockstoß (gyaku-shuto)

Abb. 44:
Ungefähr vier Fünftel des ersten Taktes. Der Höhepunkt des diagonalen, kreisförmigen Kicks (gyaku-mawashi-geri) zum Kopf. Der Endimpuls des Kicks kommt durch ein Zusammenwirken der Beschleunigungen zustande, die, von der Abstoß-Streckung des Standbeines augehend, den Körper fortbewegen, heben und Hüften drehen sowie durch die Arbeit der Beinmuskulatur beim Heben und Schnappen des angreifenden Fußes. Die das Gleichgewicht störenden Wirkungen des kreisförmigen Kickens und der Hebung der rechten Hüfte wird durch die Aufrechterhaltung des Oberkörpers und seiner Verwringung in bezug auf die Hüften kompensiert. Durch diese Verwringung werden die Hände jedoch noch nicht ausreichend zum Angriff bereitgespannt.

Abb.45:
Ende des ersten Taktes. Die dynamische, rechte, diagonale Übergangsstellung. Die Verwringung während des Fußangriffs hat ermöglicht, daß die Hüfte schockartig zurückgezuckt und das rechte Bein auf die gerade Angriffslinie zurückgeschnappt worden sind. Nun ist der Fuß noch nicht auf dem Boden, während der Körper maximal verwrungen ist, und die sich bereitspannende angreifende Hand durch die Vorwärtsbeschleunigung des Körpers und der Eindrehung der rechten Hüfte geschockt wird; der Ausstoß beginnt.

Abb. 35:
Ende des zweiten Taktes. Der Höhepunkt des rechten, einseitigen Fauststoßes (oi-tsuki).

Abb. 36:
Ende des dritten Taktes. Nach dem Blockstoß (shuto), die rechte, diagonale Ausgangsstellung (gyaku-dachi) RD. Die Kombination 7A ist damit abgeschlossen; man ist wieder startbereit.

30
Diagonale Aus-
gangsstellung
(gyaku-dachi)

46
Übersetzung

47
Umdrehung

48
Ansatz zum rück-
wärtigen, geraden
Kick

Kombination 9A

Abb. 30:
Ausgangslage. Die linke, diagonale Ausgangsstellung (gyaku-dachi) LA.

Abb. 46:
Ungefähr ein Zehntel des ersten Taktes. Der linke Fuß wird über die Angriffsachse des rechten Fußes versetzt, um die Umdrehung einzuleiten.

Abb. 47:
Ungefähr ein Drittel des ersten Taktes. Die Drehung auf den Ballen um 180 Grad ist vollendet, die Hände haben die Haltung gewechselt: Man startet zum rückwärtigen Fuß-angriff.

Abb. 48:
Ungefähr die Hälfte des ersten Taktes. Das rechte Bein wird durch den Start hoch-geschleudert und befindet sich in der Ausstoßlage. Die Beschleunigung des Körpers bzw. der Hüfte nach vorne (zum Gegner hin) und damit anschließend der Ausstoß des Fußes beginnt.

49	50	35	36
Diagonaler rückwärtiger gerader Kick (ushiro-geri)	Weiterdrehung mit Bereitspannung zum Handangriff	Einseitiger Fauststoß (oi-tsuki)	Abschluß: diagonaler Blockstoß (gyaku-shuto)

Abb. 49:
Ungefähr zwei Drittel des ersten Taktes. Der Höhepunkt des diagonalen, rückwärtigen, geraden Kicks (ushiro-geri) zum Körper. Das vorangehend hochgezogene Bein ist schlagartig entlang der Angriffsachse ausgestreckt worden, um mit der Ferse zu stoßen. Die Beschleunigungen dafür kommen aus der Vorbeugung des Oberkörpers, Fortbewegung der Hüfte in der Richtung des Angriffes und Ausstreckung des Beines selbst. Die rückwärts gerichtete Übergangshaltung der Hände bleibt dabei erhalten.

Abb. 50:
Ungefähr vier Fünftel des ersten Taktes. Das schnappartige Zurückzucken des rechten Beines und die Aufrichtung und Eindrehung des Körpers ist gleichzeitig mit der Drehung – anfangs auf der Ferse und anschließend auf dem Ballen – des Standbeines durchgeführt worden. Das Vorwärtsziehen der linken Hand führt zu der Verwringung, die für die Einleitung des Handangriffes notwendig ist. Der Körper wird nun durch die Abstoß-Streckung des Standbeines nach vorne beschleunigt und noch weiter eingedreht, was anschließend zur maximalen Verwringung in der dynamischen, rechten, diagonalen Übergangsstellung, und darauffolgend zum schockartigen Ausstoß der Faust führen wird.

Abb. 35:
Ende des zweiten Taktes. Der Höhepunkt des rechten, einseitigen Fauststoßes (oi-tsuki).

Abb. 36:
Ende des dritten Taktes. Die rechte, diagonale, Ausgangsstellung (gyaku-dachi) RD nach dem Blockstoß (shuto). Die Kombination 9A ist damit abgeschlossen; man ist wieder startbereit.

30	46	47	51
Diagonale Aus-gangsstellung (gyaku-dachi)	Übersetzung	Umdrehung	Ansatz zum rückwärtigen, kreisför-migen Kick

Kombination 11A

Abb. 30:
Ausgangslage. Die linke, diagonale Ausgangsstellung (gyaku-dachi) LD.

Abb. 46:
Ungefähr ein Zehntel des ersten Taktes. Vorbereitung der Umdrehung.

Abb. 47:
Ungefähr ein Drittel des ersten Taktes. Die Umdrehung um 180 Grad ist vollendet, und der Start zum kreisförmigen, rückwärtigen Fußangriff beginnt.

Abb. 51:
Ungefähr die Hälfte des ersten Taktes. Das rechte Bein wird durch den rückwärtigen Start etwas schräg, halbkreisförmig nach oben geschleudert und läuft nun durch die Ausstoßlage durch. Beim Ausstoßen des Fußes wird der Rumpf etwas zur Seite gelehnt. Die rückwärts gerichtete Übergangshaltung der Hände bleibt unverändert.

52	53	35	36
Diagonaler, rückwärtiger, kreisförmiger Kick (ushiro-mawashi-geri)	*Weiterdrehung mit Bereit- spannung zum Handangriff*	*Einseitiger Faust- stoß (oi-tsuki)*	*Abschluß: diagonaler Blockstoß (gyaku-shuto)*

Abb. 52:
Ungefähr zwei Drittel des ersten Taktes. Der Höhepunkt des rückwärtigen, kreisförmigen Kicks (ushiro-mawashi-geri) zum Kopf. Das ausgestoßene Bein ist zunächst etwas seit- lich von der Angriffsachse ausgestreckt und anschließend zurückgeschnappt worden. Neben der Arbeit der Beinmuskeln haben hier auch die Beschleunigungen mitgewirkt, die aus der Neigung des Rumpfes und Fortbewegung der Hüften bzw. Ausstreckung des Standbeines auf das angreifende Bein übertragen worden sind. Die Übergangshaltung der Hände ist dabei unverändert geblieben, während der zurückgelehnte Rumpf zugleich auch etwas zurückzuckt, um dem Einfluß des Schnappens auf das Gleichgewicht entge- genzuwirken. Mit dem Blick über die rechte Schulter kontrolliert man den Verlauf der Aktion.

Abb. 53:
Ungefähr vier Fünftel des ersten Taktes. Das Zurückzucken des angreifenden Beines und die Aufrichtung und Eindrehung des Oberkörpers erfolgt wie bei 9A. Anschließend wird der Körper nach vorne beschleunigt und verwrungen, um aus der dynamischen, rechten, diagonalen Übergangsstellung die Faust zum Angriff auszustoßen.

Abb. 35:
Ende des zweiten Taktes. Der Höhepunkt des rechten, einseitigen Fauststoßes (oi-tsuki).

Abb. 36:
Ende des dritten Taktes. Die rechte, diagonale Ausgangsstellung (gyaku-dachi) RD nach dem Blockstoß (shuto). Die Kombination 11A ist damit abgeschlossen; man ist wieder startbereit.

53
Einseitige Aus-
gangsstellung
(oi-dachi)

54
Einleitender
Schritt

55
Ansatz zum
Angriffsschritt

Diagonale Kombinationen

Kombination 2A

Abb. 53:
Ausgangslage. Die linke, einseitige Ausgangsstellung (oi-dachi) LS. Die Hände befinden
sich in der Übergangshaltung (vgl. Abb. 23, S. 50), der linke Arm nach vorne gehalten,
nicht ganz ausgestreckt, rechter Arm zusammengezogen, mit der Faust in der Bereithal-
tung neben der Brust. Der einseitige Start (vgl. Abb. 24, 25, S. 50) des einleitenden
Schrittes beginnt.

Abb. 54:
Ende des ersten Taktes. Die rechte, diagonale, Übergangsstellung (vgl. Abb. 26, S. 50).
Der Einleitungsschritt ist vollendet, und die Fortbewegung des Körpers leitet den Start
zum Angriffsschritt ein (vgl. Abb. 17, 31, S. 48, 58).

Abb. 55:
Ungefähr ein Drittel des zweiten Taktes. Die Haltung der Hände bleibt unverändert,
während sich der Körper und das gestartete linke Bein nach vorne bewegen. Das rechte
Bein hat das volle Körpergewicht übernommen und fängt an, die Fortbewegung des Kör-
pers zusätzlich zu beschleunigen.

56	57	58	59
Mitten im Angriffsschritt	*Bereitspannung zum Handangriff*	*Diagonaler Faust- stoß (gyaku-tsuki)*	*Abschluß: einseitiger Blockstoß (oi-shuto)*

Abb. 56:
Ungefähr zwei Drittel des zweiten Taktes. Weitere Fortbewegung des ganzen Körpers und des linken Beines nach vorne. Während die linke Körperseite in der gleichen Haltung beharrt und nun, mit dem Vorankommen des Beines und der linken Hüfte, noch weiter nach vorne geschoben wird, wird der Körper immer mehr entwrungen.

Abb. 57:
Ungefähr vier Fünftel des zweiten Taktes. Der linke Fuß befindet sich kurz vor der Lan- dung, der Körper ist völlig entwrungen, die Hände zum Angriff bereitgespannt: Nun fängt auch die Eindrehung der rechten Hüfte an, die anschließend zum schockartigen Ausstoßen der rechten Faust führt.

Abb. 58:
Ende des zweiten Taktes. Der Höhepunkt des linken, diagonalen Fauststoßes zum Körper (gyaku-tsuki-chudan), der gleichzeitig mit der Landung des linken Fußes erfolgt. Der Endimpuls resultiert aus dem Zusammenwirken der Fortbewegung des Körpers, Ein- drehung der Hüfte, und Ausstreckung des angreifenden Armes. Im Augenblick des (hier imaginären) Impaktes werden die Muskeln, die die notwendige Beschleunigungen er- zeugten, kurz angespannt, um den Rückstoß aufzunehmen. Die Spannung, die sich aus der Verwringung des Körpers und dem schockartigen Abstoppen der ganzen Bewegung ergibt, wird zur anschließenden Einleitung der Abschlußaktion verwendet.

Abb. 59:
Ende des dritten Taktes. Die linke, einseitige Ausgangsstellung (oi-dachi) LS. Während der Wiederentwringung des Körpers wechseln die Hände die Haltung, wobei ein kurzer Blockstoß (shuto) erteilt wird, und der linke Fuß wird wieder näher an den vorderen Fuß versetzt. Die Kombination 2A ist damit abgeschlossen, und man ist wieder startbereit.

53	54	60
Einseitige Aus- *gangsstellung* *(oi-dachi)*	*Einleitender* *Schritt*	*Ansatz zum* *geraden Kick*

Kombination 4A

Abb. 53:
Ausgangslage. Die linke, einseitige Ausgangsstellung (oi-dachi) LS. Es folgt der einsei-
tige Start zum Einleitungsschritt.

Abb. 54:
Ende des erste Taktes. Die rechte, diagonale Übergangsstellung. Der einleitende Schritt
ist vollendet, und der Fußangriff wird gestartet.

Abb. 60:
Ungefähr ein Drittel des zweiten Taktes. Während die Haltung des Oberkörpers ungeändert
bleibt, wird das gestartete linke Bein mit dem Knie hochgeschleudert und läuft gerade
die Ausstoßlage durch. Das rechte Bein, das das ganze Körpergewicht übernommen hat,
erteilt dem sich fortbewegenden Körper durch die Abstoß-Streckung zusätzliche Beschleu-
nigungen. Dadurch werden die Hüften, besonders die linke Hüfte, nach vorne gedrückt –
was nicht mit einer Zurücklehnung des Oberkörpers zu verwechseln ist, die hier nicht
stattfindet – und das angreifende Bein wird ausgestoßen.

61	62	58	59
Einseitiger, gerader Kick (oi-mae-geri)	*Bereitspannung zum Handangriff*	*Diagonaler Faust- stoß (gyaku-tsuki)*	*Abschluß: einseitiger Blockstoß (oi-shuto)*

Abb. 61:
Ungefähr zwei Drittel des zweiten Taktes. Der Höhepunkt des einseitigen, geraden Kicks (oi-mae-geri) mit dem linken Bein zum Körper. Der Endimpuls des Kicks wird durch die Fortbewegung des Körpers, die Eindrehung der linken Hüfte, und das Schnappen des Unterbeines erzeugt. Die Haltung des Oberkörpers und der Hände bleibt dabei unverändert. Da die Hüften etwas vorgeschoben werden, sieht es aus, als ob sich der Oberkörper etwas zurückgelehnt hätte.

Abb. 62:
Ungefähr vier Fünftel des zweiten Taktes. Während des Zurückschnappens des Unterbeines bewegt sich der Körper immer noch fort und wird nun völlig entwrungen. Damit beginnt die Eindrehung der rechten Hüfte, die zum schockartigen Ausstoßen der angreifenden Hand führt.

Abb. 58:
Ende des zweiten Taktes. Der Höhepunkt des linken, gegenseitigen Fauststoßes (gyaku-tsuki) zum Körper.

Abb. 59:
Ende des dritten Taktes. Nach dem abschließenden Blockstoß (shuto), die linke, einseitige Ausgangsstellung LS. Die Kombination 4A ist damit abgeschlossen, und man ist wieder startbereit.

53
Einseitige Aus-
gangsstellung
(oi-dachi)

54
Einleitender
Schritt

63
Ansatz zum
Fegeangriff

Kombination 6A

Abb. 53:
Ausgangslage. Die linke, einseitige Ausgangsstellung (oi-dachi) LS. Es folgt das einsei-
tige Starten des Einleitungsschrittes.

Abb. 54:
Ende des ersten Taktes. Die rechte, diagonale Übergangsstellung. Der Einleitungsschritt
ist abgeschlossen, womit zugleich der Fußangriff startet.

. Abb. 63:
Ungefähr zwei Drittel des zweiten Taktes. Während die Haltung des Oberkörpers unver-
ändert bleibt, wird das gestartete linke Bein in gekrümmter Haltung etwas seitlich von
der Angriffsachse hochgeschleudert und hat gerade die Ausstoßlage erreicht. Das linke
Bein, das das volle Körpergewicht übernommen hat, beginnt, den sich fortbewegenden
Körper weiter zu beschleunigen, wobei anschließend auch der angreifende Fuß ausge-
stoßen, bzw. bei diesem Angriff eigentlich eingezogen wird.

64	65	58	59
Einseitiger Fegean- griff (ko-soto-gari)	Bereitspannung zum Handangriff	Diagonaler Faust- stoß (gyaku-tsuki)	Abschluß: einseitiger Blockstoß (oi-shuto)

Abb. 64:
Ungefähr zwei Drittel des zweiten Taktes. Der Höhepunkt des linken, einseitigen, kreis- bzw. hakenförmigen Fegeangriffes auf das Bein des Gegners (ko-soto-gari). Das angrei- fende Bein wird hakenförmig am eigenen rechten Bein vorbeigezogen, was aus der Fort- bewegung des Körpers, der Eindrehung der linken Hüfte sowie durch die Arbeit der Bein- muskulatur erfolgt. Die Wirkung des Hakens wird durch das „Fallen" des ganzen Körpers auf seine linke Seite hin, d.h. auf den Gegner zu, vergrößert: Dabei wird der Oberkörper des (hier imaginären) Gegners mit der linken Hand in der dem Hakenangriff entgegenge- setzten Richtung geschoben, um seinen Fall hervorzurufen.

Abb. 65:
Ungefähr vier Fünftel des zweiten Taktes. Das hakende Bein wird auf die Angriffsachse zurückgezogen, um den eigenen Fall zu verhindern. Dabei bewegt sich der Körper immer noch fort und entwringt sich völlig; die Hände sind zum Angriff bereitgespannt, und die Eindrehung der rechten Hüfte beginnt, woraus anschließend das schockartige Ausstoßen der angreifenden Hand folgt.

Abb. 58:
Ende des zweiten Taktes. Der Höhepunkt des rechten, diagonalen Fauststoßes (gyaku- tsuki).

Abb. 59:
Ende des dritten Taktes. Die linke, einseitige Ausgangsstellung LS (oi-dachi) nach dem abschließenden Blockstoß (shuto). Die Kombination 6A ist damit beendet, und man ist wieder startbereit.

53
Einseitige Aus-
gangsstellung
(oi-dachi)

54
Einleitender
Schritt

66
Ansatz zum
kreisförmigen Kick

Kombination 8A

Abb. 53:
Ausgangslage. Die linke, einseitige Ausgangsstellung (oi-dachi) LS. Es folgt der Start zum Einleitungsschritt.

Abb. 54:
Ende des ersten Taktes. Die rechte, diagonale Übergangsstellung. Der Einleitungsschritt ist beendet, und der Fußangriff startet.

Abb. 66:
Ungefähr ein Drittel des zweiten Taktes. Während die Haltung des Oberkörpers unverändert bleibt, wird das gestartete linke Bein etwas seitlich von der Angriffsachse hochgeschleudert und hat nun die Ausstoßlage erreicht. Das Standbein erteilt der Fortbewegung des Körpers zusätzliche Beschleunigungen, zunächst der linken Hüfte, die dadurch nach vorne gedrückt wird; anschließend wird sie auch gehoben und eingedreht, womit das Austoßen des linken Beines zum kreisförmigen Angriff bewirkt wird.

67	68	58	59
Einseitiger, kreisförmiger Kick (oi-mawashi-geri)	*Bereitspannung zum Handangriff*	*Diagonaler Faust- stoß (gyaku-tsuki)*	*Abschluß: einseitiger Blockstoß (oi-shuto)*

Abb. 67:
Ungefähr zwei Drittel des zweiten Taktes. Der Höhepunkt des einseitigen, kreisförmigen, hohen Kicks (oi-mawashi-geri) mit dem linken Bein. Er kommt zustande durch die Ab- stoß-Streckung und Drehung des Standbeines, die Eindrehung und das Heben der linken Hüfte, die Bewegung des Oberkörpers sowie durch die kreisförmige Hebung und schnapp- artige Ausstreckung des angreifenden Beines. Der Oberkörper wirkt bei dem Ausstoß mit, indem er auf die rechte Seite, seitlich-rückwärts, in der Linie der Angriffsachse, zurückgelehnt wird. Die Haltung der Hände bleibt dabei unverändert.

Abb. 68:
Ungefähr vier Fünftel des zweiten Taktes. Die Fortbewegung des Körpers und das Zurück- schnappen des Unterbeines erleichtern die Aufrichtung des Rumpfes. Der Körper ist dabei völlig entwrungen. Die Zurückdrehung des Beines auf die Angriffsachse führt zur entsprechenden Drehung der Hüfte, die anschließend das schockartige Ausstoßen der angreifenden Hand bewirkt.

Abb. 58:
Ende des zweiten Taktes. Der Höhepunkt des rechten, diagonalen Fauststoßes (gyaku- tsuki) zum Körper.

Abb. 59:
Ende des dritten Taktes. Die linke, einseitige Ausgangsstellung (oi-dachi) LS nach dem abschließenden Blockstoß (shuto). Die Kombination 8A ist beendet, und man ist wieder startbereit.

53	69	70	71	72
Einseitige Aus-gangsstellung (oi-dachi)	*Übersetzung*	*Gegen-umdrehung*	*Einleitender rückwärtiger Schritt*	*Ansatz zum rückwärtigen Seitenkick*

Kombination 10A

Abb. 53:
Ausgangslage. Die linke, einseitige Ausgangsstellung (oi-dachi) LS.

Abb. 69:
Ungefähr ein Drittel des ersten Taktes. Der linke Fuß wird über die Angriffsachse des rechten Fußes versetzt und leitet die Umdrehung ein.

Abb. 70:
Ungefähr zwei Drittel des ersten Taktes. Die Drehung des Unterkörpers auf dem Ballen um 180 Grad ist vollendet; dabei ist der Oberkörper nur wenig mitgedreht worden, und die Haltung der Hände ändert sich nicht. Man ist zum rückwärtigen Einleitungsschritt bereit.

Abb. 71:
Ende des ersten Taktes. Die gedrehte, rechte, diagonale Übergangsstellung. Der rechte Fuß ist rückwärts – aber in der Richtung des Angriffes – um eine Schrittlänge versetzt worden und man startet den rückwärtigen Fußangriff.

Abb. 72:
Ungefähr ein Drittel des zweiten Taktes. Das linke Bein ist nach oben gestartet worden und hat die Ausstoßlage erreicht. Das rechte Standbein hat das volle Körpergewicht übernommen und beschleunigt anschließend die Fortbewegung des Körpers, namentlich der Hüften, wobei das linke Bein zum Angriff ausgestoßen wird.

73	74	58	59
Einseitiger, rückwärtiger, gerader Kick (yoko-ushiro-geri)	*Rückdrehung mit Bereitspannung zum Handangriff*	*Diagonaler Fauststoß (gyaku-tsuki)*	*Abschluß: einseitiger Blockstoß (oi-shuto)*

Abb. 73:
Ungefähr zwei Drittel des zweiten Taktes. Der Höhepunkt des einseitigen, rückwärtigen, geraden Kicks (yoko-ushiro-geri) mit dem linken Bein zum Körper. Dieser Kick kommt zustande durch die Fortbewegung des Körpers bzw. der Hüften, besonders der linken Hüfte, bei gleichzeitiger seitlich-rückwärtiger Zurücklehnung des Rumpfes, und durch die Ausstreckung des angreifenden Beines. Der Körper wird entwrungen, die Hände werden wie bisher bereit gehalten.

Abb. 74:
Ungefähr vier Fünftel des zweiten Taktes. Das Unterbein wird zurückgeschnappt und zuckt in die Angriffsachse zurück, wobei sich der Rumpf aufrichtet. Der ganze Körper wird nach vorne beschleunigt und entwrungen, und die Hände zum Angriff bereitgespannt. Die Eindrehung der rechten Hüfte beginnt, und anschließend wird die rechte Hand zum Angriff ausgestoßen.

Abb. 58:
Ende des zweiten Taktes. Der Höhepunkt des rechten, gegenseitigen Fauststoßes (gyaku-tsuki).

Abb. 59:
Ende des dritten Taktes. Die linke, einseitige Ausgangsstellung (oi-dachi) LS nach dem abschließenden Blockstoß (shuto). Die Kombination 10A ist beendet, und man ist wieder startbereit.

53	69	70	71	75
Einseitige Aus-gangsstellung (oi-dachi)	*Übersetzung*	*Gegen-umdrehung*	*Rückwärtiger Einleitungs-schritt*	*Ansatz zum rückwärtigen, kreisförmigen Kick*

Kombination 12A

Abb. 53:
Ausgangslage. Die linke, einseitige Ausgangsstellung (oi-dachi) LS.

Abb. 69:
Ungefähr ein Drittel des ersten Taktes. Übersetzung des linken Fußes als Vorbereitung zur Gegenumdrehung.

Abb. 70:
Ungefähr zwei Drittel des ersten Taktes. Die Drehung der Füße um 180 Grad.

Abb. 71:
Ende des ersten Taktes. Die gedrehte, rechte, diagonale Übergangsstellung: Man startet zum rückwärtigen, kreisförmigen Fußangriff.

Abb. 75:
Ungefähr ein Drittel des zweiten Taktes. Das linke Bein ist durch den rückwärtigen Start schräg halbkreisförmig nach oben geschleudert worden und hat nun die Ausstoßlage erreicht, wobei der Oberkörper beginnt, sich etwas seitlich-rückwärts zurückzulehnen. Das Standbein fängt an, die Hüften zusätzlich nach vorne zu beschleunigen, worauf anschließend das Ausstoßen des Fußes aus der Eindrehung und Hebung der linken Hüfte folgt.

76	74	58	59
Einseitiger, rückwärtiger, kreisförmiger Kick (ura-mawashi-geri)	*Rückdrehung mit Bereitspannung zum Handangriff*	*Diagonaler Faust-stoß (gyaku-tsuki)*	*Abschluß: einseitiger Blockstoß (oi-shuto)*

Abb. 76:
Ungefähr zwei Drittel des zweiten Taktes. Der Höhepunkt des einseitigen, rückwärtigen, kreisförmigen Kicks (ura-mawashi-geri) mit dem linken Fuß zum Kopf. Der Kick kommt zustande durch die Abstoß-Streckung des Standbeines und die daraus folgende Fortbewegung bzw. Hebung der Hüften, die Eindrehung der linken Hüfte und die Arbeit der Beinmuskeln während der Hebung, der Ausstreckung und des Zurückschnappens des angreifenden Beines. Der Oberkörper wird dabei auf seine rechte Seite hin und weg vom Gegner zurückgelehnt, und etwas der Schnappbewegung des angreifenden Beines entgegengezuckt. Der Körper ist entwrungen, die Hände werden wie bisher bereitgehalten.

Abb. 74:
Ungefähr vier Fünftel des zweiten Taktes. Nach dem Angriff ist das linke Bein entlang des gleichen Weges wie beim Angreifen zurückgezuckt worden. Dabei richtet sich der Rumpf entsprechend auf, während der ganze Körper nach vorne beschleunigt wird und die Hände sich zum Angriff bereitspannen. Die Eindrehung der rechten Hüfte und damit anschließend das Ausstoßen der rechten Hand beginnt.

Abb. 58:
Ende des zweiten Taktes. Der Höhepunkt des rechten, diagonalen, Fauststoßes (gyaku-tsuki).

Abb. 59:
Ende des dritten Taktes. Die linke, einseitige Ausgangsstellung (oi-dachi) LS nach dem abschließenden Blockstoß (shuto). Die Kombination 12A ist damit beendet, und man ist wieder startbereit.

TAKTISCHE BESTANDTEILE

Um die taktischen Grundlagen übersichtlich darstellen zu können, werden wir uns derselben Methode der einfachsten, idealen Situationen bedienen, wie wir sie bei der Darstellung der technischen Grundlagen angewendet haben.

Das Geschehen in einem Sportkampf ist sehr komplex. Die taktischen Situationen überlagern sich vielfach. Einzelne Aktionen werden nacheinander unterbrochen und in andere umgewandelt, die taktischen Ziele werden blitzschnell geändert, so wie sich die Situationen ändern, usw. Das Resultat einer Vielfalt von Aktionen ist normalerweise anders, als man anfangs beabsichtigte oder erwartete. Solche Komplexität soll für unsere Zwecke wie folgt reduziert werden:

Wir werden vom taktischen Ziel, das im Kampf verfolgt wird, ausgehen: vom *Taktischen Moment*. Das Taktische Moment ist eine Situation, in der alle Faktoren eines erfolgreichen Angriffes gleichzeitig auftreten. Die Natur und die Bedingungen des Entstehens und der Ausnutzung des Taktischen Momentes bestimmen nämlich die taktische Struktur eines Zusammenstoßes.

Ein *Zusammenstoß* ist die grundlegende Einheit des Kampfgeschehens und bezeichnet den Verlauf einer Angriffsserie bis zum natürlichen Ausklingen oder bis zur Unterbrechung des kontinuierlichen Flusses der ineinander überlaufenden Kampfaktionen. Eine Unterbrechung kann aufgrund taktischer Unzweckmäßigkeit weiterer Aktionen oder wegen einer Intervention seitens des Kampfrichters erfolgen.

Unsere methodische Vorgehensweise besteht darin, daß wir uns einen idealen, vollständigen Zusammenstoß vorstellen, der sonst in einem Sportkampf nur ausnahmsweise vorkommen kann. Ein vollständiger Zusammenstoß besteht aus vier taktischen Phasen:
- ◆ Vorbereitung des Angriffes
- ◆ Einleitung des Angriffes
- ◆ Ausführung des Angriffes
- ◆ Abschluß des Angriffes.

So können wir alle verschiedenen Taktiken, die während eines Zusammenstoßes durchgehend oder in einzelnen Phasen angewendet werden – die passiven Schutztaktiken und die aktiven Kampftaktiken – der Reihe nach beobachten. Dabei wird auch die Zeit so verlangsamt, daß die einzelnen Fuß- und Handbewegungen sowie ihre Abhängigkeit von Aktionen des Gegners dargestellt werden können. Was sonst blitzschnell – und deswegen kaum wahrnehmbar – geschieht, wird nun im Zeitlupentempo ausgeführt und auf diese Weise in den grundlegenden Bestandteilen erkennbar.

Taktische Struktur des Zusammenstoßes

Taktisches Moment als das taktische Ziel

Um unsere technischen Grundlagen darstellen zu können, haben wir uns für den Ausführenden eine taktisch ideale Kampfsituation vorgestellt: Der Gegner, der vor uns steht, hat seine vitalen Punkte ungeschützt und verhält sich vollkommen passiv:

◆ er greift nicht an, während wir unseren Angriff einleiten;
◆ er kontert nicht, während wir den Angriff ausführen;
◆ er weicht nicht aus bzw. entkommt unserem Angriff nicht;
◆ er versucht nicht den Angriff abzuleiten, abzublocken oder irgendwie anders abzuwehren.

Er ist also vollkommen kampfunfähig, kann keine Kampfaktion starten. Er befindet sich in einem Zustand, den wir von nun an als *Zustand Verminderter Startbereitschaft*, kurz ZVSB, bezeichnen werden. Gleichzeitig steht er in einer angemessen Angriffsdistanz zu uns, d.h. innerhalb der *Wirkungstiefe* des bevorstehenden Angriffes (vgl. dazu Abb.100, S. 98), während wir für die unmittelbare Ausführung dieses Angriffes *startbereit* sind.

Ein solche Situation ist es, die wir als *Taktisches Moment* – kurz TM – bezeichnen. Ein Taktisches Moment ist nicht nur ein Zeitbegriff, sondern ein *Situationsbegriff*. Für die vorangehende Darstellung der technischen Grundlagen haben wir uns demzufolge die taktisch ideale Kampfsituation eines permanenten TMs vorgestellt.

In einer Kampfsituation, wenn zwei Kämpfer – der Kämpfer X und der Gegner Y – das gleiche wollen, nämlich, erfolgreich angreifen, muß jedoch ein TM erst von dem einen oder dem anderen herbeigeführt oder hergestellt werden. Jeder von beiden hat es gleich schwer, da beide ihre vitalen Punkte schützen und in jedem Augenblick startbereit zu bleiben versuchen. Jeder von beiden bemüht sich darum, seinen Angriff so einzuleiten, daß im Augenblick der Ausführung des Angriffes der andere in einem ZVSB erwischt wird oder ihm dieser Zustand aufgezwungen wird. Das ist das taktische Ziel in jedem Zusammenstoß.

Arten des Taktischen Momentes

Hauptsächlich wollen wir zwei Gruppen von TMs unterscheiden:
a) latente TMs und
b) evidente TMs.

Latente TMs beziehen sich auf jene ZVSBs, die nicht oder nicht leicht erkennbar sind, die jedoch unausweichlich in bestimmten Zeitabschnitten bzw. Intervallen eintreten. Ob für den Kämpfer X in einem bestimmten Augenblick ein latentes TM eingetreten ist, wird sich nur durch den Erfolg oder Mißerfolg seines Angriffes auf den Gegner Y erweisen, der in demselben Augenblick ausgeführt wird. Die latenten TMs treten ein, weil ein Kämpfer:

♦ nicht die ganze Zeit voll konzentriert bleiben kann;
♦ seine Aufmerksamkeit in bezug auf die Richtung, aus welcher er einen Angriff erwartet, und die Art des Angriffes, den er erwartet, auf das begrenzt, was ihm in der gegebenen Situation als wahrscheinlich erscheint;
♦ seine Muskeln nicht die ganze Zeit angespannt halten kann und sie von Zeit zu Zeit lockern muß;
♦ auch atmen muß und während der Zeitabschnitte, wenn er ohne Luft ist, nicht voll startbereit sein kann.

Die ZVSBs werden um so offensichtlicher, – und länger – je mehr beim Kämpfer allgemein der Kampfwille vermindert wird. Dies geschieht entsprechend dem Maße wie er:

♦ außer Atem gerät;
♦ ermüdet ist;
♦ Schmerzen hat;
♦ Angst bekommt;
♦ an Selbstvertrauen verliert.

Evidente TMs beziehen sich auf jene ZVSBs, die erkennbar eintreten und relativ voraussagbar sind. Ein Kämpfer befindet sich in solchen Zuständen in jenen Zeitabschnitten, in denen er sich auf der Kampffläche hin- und herbewegt, d.h. manövriert. Dabei verlagert er sein Körpergewicht von einem Fuß auf den anderen und ist jeweils nur im Einklang mit der Gewichtsverlagerung und dem Ablauf der dafür notwendigen Bewegungen startbereit.

Jede Gewichtsverlagerung – egal, wie schnell sie geschieht – hat folgende Phasen:

- Startbereitschaft (Gleichgewicht);
- Entscheidung zum Starten;
- Starten (Heben des Beines);
- Labiler Zustand;
- Landen (Absetzen des Beines);
- Orientierung in der neuen Situation;
- Wiederherstellung der Startbereitschaft (Gleichgewicht).

Obwohl diese Phasen im einzeln und alle zusammen sehr kurz dauern, kann keine von ihnen übersprungen werden. Während der Gewichtsverlagerung kann der Kämpfer nicht starten. Er kann also weder selbst angreifen oder kontern, noch einem Angriff ausweichen. Er kann nur in begrenzter Weise den Angriff mit Händen abfangen. Je mehr die Bewegung seiner Hände der gleichzeitigen Bewegung seiner Füße entgegenläuft, umso mehr stören sich beide Bewegungs- abläufe gegenseitig und um so weniger wirksam kann das Abfangen des Angriffes sein.

Je wuchtiger und weiter ein Kämpfer seine Stellung (die Haltung der Hände und Füße in bezug aufeinander) ändert oder seine Position (den Platz, wo er steht) wechselt, – wenn er z.B. mit dem Fuß angreift – um so stärker und länger ist sein Bewegungsablauf festgelegt und um so schwieriger und langsamer kann er in andere Richtungen handeln.

Die TMs werden auch danach unterteilt, welche vitalen Punkte dabei bloßge- stellt werden. Dies bestimmt, mit welchem Typ des Angriffs (mit gerader oder kreisförmigen Angriffslinie) und in welcher Höhe (Kopf oder Leib) man angreift. Während eines TMs können nur ein vitaler Punkt oder auch mehrere bloßgestellt werden. Die Anzahl der bloßgestellten vitalen Punkte bestimmt die Anzahl der technischen und taktischen Möglichkeiten, die man bei dem betreffenden TM im Angriff erfolgreich anwenden kann.

Ausnutzung des Taktischen Momentes

Das Eintreten eines TMs für den Kämpfer X hat für ihn keine Bedeutung, wenn er diese Gelegenheit nicht mit einem Angriff ausnutzt. Entsprechend den beiden Arten von TMs – latentes und evidentes TM – gibt es auch zwei taktisch verschiedene Arten von Angriffen:
  a) blinder Angriff und
  b) geplanter Angriff.

Zu einem blinden Angriff wird jeder Angriff des Kämpfers X auf den Gegner Y, wenn vorher das Eintreten eines bestimmten TMs nicht abgewartet wurde. In solchen Fällen rechnet man mit der Wahrscheinlichkeit des zufälligen Eintretens eines TMs im Augenblick des eigenen Angriffes, oder aber mit der Entstehung eines TMs als Folge der Überraschung. Ein blinder Angriff kann erfolgreich sein, wenn folgende Bedingungen erfüllt werden:

♦ Gleichzeitig mit dem Angriff muß auch ein latentes TM eintreten, oder aber ein TM muß durch den Angriff selbst hervorgerufen werden. Im Gegenzug befindet sich der Angreifer selbst in einem ZVSB und, falls der Gegner startbereit ist, damit in einem TM für den Gegner.

♦ Das eingetretene TM muß mit entsprechender Angriffstechnik ausgenutzt werden. D.h., daß der entblößte vitale Punkt angegriffen werden muß und nicht ein anderer, der gedeckt oder nicht zugänglich ist. Dabei muß der Angriff bewegungstechnisch optimal ausgeführt werden.

Die Wahrscheinlichkeit, daß ein blinder Angriff erfolgreich wird, ist umso größer, je stärker beim Gegner Y der allgemeine Kampfwille vermindert wird und je weniger Kampferfahrungen er hat.

Ein geplanter Angriff erfolgt nur, wenn das Eintreten eines bestimmten TMs in bezug auf den Standort, zugängliche vitale Punkte und den Zeitpunkt mit relativ großer Wahrscheinlichkeit vorhersagbar ist. Damit ein geplanter Angriff erfolgreich wird, müssen folgende Bedingungen erfüllt werden:

♦ Der Angreifer muß rechtzeitig erkennen, daß und wann beim Gegner ein ZVSB eintreten wird.

♦ Dieses ZVSB muß tatsächlich in dem erwarteten Augenblick eintreten; in bezug auf eigene Startbereitschaft und Distanz muß sich dabei ein TM ergeben.

♦ Das eingetretene TM muß mit einer geeigneten Angriffstechnik ausgenutzt werden.

Die relativ große Wahrscheinlichkeit des Mißlingens bei der taktischen Angriffsweise wird durch die dritte taktische Angriffsweise kompensiert, die als eine der Voraussetzungen unseres Kampfsystems anfänglich festgesetzt worden ist: das Angreifen mit in einem Bewegungsfluß aufeinanderfolgenden Angriffen bzw. Angriffsserien. Unsere technischen Grundlagen ermöglichen nämlich dem Kämpfer X, nach jedem mißlungenen Angriff weiter anzugreifen. Dafür gibt es einen wichtigen taktischen Grund. Jeder mißlungene Angriff, sei es ein blinder oder ein geplanter, erfüllt dennoch eine taktische Funktion: er zwingt den Gegner Y zum Stellungs- und Positionswechsel, und somit treten neue TMs für den Kämpfer X ein. Die Anwendung von Angriffsserien ist sinnvoll, wenn vor jedem neuen Angriff folgende Bedingungen erfüllt werden:

♦ Der Kämpfer X muß nach jedem seiner Angriffe technisch wieder startbereit sein.

♦ Der Gegner darf sich nach dem vorangegangenen Angriff nicht außerhalb der Angriffsreichweite des Kämpfers X oder sogar außerhalb der Kampffläche befinden.

Es gibt noch andersartige Unterscheidungen der Angriffe in taktischer Hinsicht, und zwar:

♦ in bezug auf die Art der Kampfführung gibt es
  • Fangangriffe, mittels welcher man den Gegner während seines Vorbereitungsmanövers oder im Rückzug in einem ZVSB fängt, und
  • Gegenangriffe oder Konter, mittels welcher man den Gegner im VSB erwischt, während er angreift;

♦ in bezug auf den taktischen Winkel, in welchem man den Gegner angreift, gibt es
  • direkte Angriffe, mittels welcher man den Gegner entlang der bestehenden Kampfachse angreift, und
  • seitliche Angriffe, mittels welcher man den Gegner von der einen oder der anderen Seite angreift;

♦ in bezug auf die Zugänglichkeit der vitalen Punkte, die angegriffen werden können, gibt es
  • Angriffe mit frontalem Impakt; das sind alle geradlinigen Angriffe, und
  • Angriffe mit seitlichem Impakt: das sind alle kreisförmigen Angriffe.

Leitsätze der Kampftaktik

Unser taktisches Verhalten während des Zusammenstoßes wird von zwei grundlegenden Leitsätzen geprägt:
a) Täuschung des Gegners, und
b) aktive Führung des Kampfes.

Die Kampfbereitschaft eines Kämpfers bezieht sich auf seine allgemeine Befähigung zum Kämpfen, während die Startbereitschaft in der Regel bedeutet, daß er auf eine bestimmte Situation eingestellt und ihr entsprechend zu handeln bereit ist.

Jeder Kämpfer ist in der Regel in einer bestimmten Richtung, für eine bestimmte Kampfaktion und zu einem bestimmten Zeitpunkt startbereit, je nach dem, wie er die betreffende Kampfsituation interpretiert. Je mehr sich jedoch die tatsächlich erfolgte Aktion des Kämpfers X von den Erwartungen des Gegners Y unterscheidet, um so weniger ist der Gegner Y in der Lage, auf sie geeignet zu reagieren bzw. seine eigene Aktion zu starten. Je mehr es also dem Kämpfer X gelingt, den Gegner Y über seine Absichten zu täuschen, desto größere Überraschungseffekte und damit ZVSBs kann er bei ihm hervorrufen.

Die Verminderung der Startbereitschaft des Gegners Y wird auch durch aktive Führung des Kampfes seitens des Kämpfers X erreicht. Durch Angriffsdrohungen und auch durch tatsächliche oder Schein-Angriffe zwingt er den Gegner Y zu Positionswechsel und Stellungsänderung, wobei dieser in ZVSBs gerät. Je mehr der Kämpfer X den Gegner Y zu Positions- und Stellungswechseln zwingt, – ihm also das Tempo und das Kampfverhalten diktiert – um so häufiger entstehen Zeitabschnitte mit ZVSBs beim Gegner Y und um so schwerer fällt es dem Gegner Y, seine Startbereitschaft zu erhalten oder wieder herzustellen.

Eine konsequente Anwendung beider taktischer Leitsätze hätte zur Folge, daß der Gegner Y nie genügend Zeit hätte, seine Startbereitschaft für die darauffolgende Aktion des Kämpfers X herzustellen: Sollte ihm dies dennoch zufällig gelingen, würde es ihm wenig nutzen, da anstelle einer erwarteten Aktion immer eine andere erfolgen würde. Er würde jedesmal zu spät und falsch reagieren.

Bestandteile der Kampftaktik

Um sein taktisches Ziel zu erreichen – das Eintreten eines ZVSBs beim Gegner Y vorauszusehen und als TM auszunutzen, ohne dabei eigene ZVSBs erkennen und ausnutzen zu lassen – verwendet der Kämpfer X zwei Sorten von Kampftaktiken:
   a) Schutztaktik und
   b) Aktionstaktik.

Nicht umsonst besteht die Kampftaktik zunächst aus der Schutztaktik. Dies erfolgt logischerweise aus dem, was wir bezüglich der eigenen Bedrohung während eines Angriffes aus der bisherigen Darstellung folgendermaßen zusammenfassen können:
- ◆ Die Wahrscheinlichkeit, daß beim Gegner Y tatsächlich ein ZVSB eintritt, während ihn der Kämpfer X angreift, ist immer relativ klein;
- ◆ Während der Kämpfer X angreift, befindet er sich selbst in einem ZVSB;
- ◆ Wenn der Gegner Y zu gleicher Zeit auch startbereit ist, ergibt das für ihn ein TM, das er leicht ausnutzen kann.

Während der Kämpfer X einen Angriff einleitet oder ausführt, muß er maximale Vorkehrungen treffen, die das Vorhersagen und Ausnutzen des eigenen ZVSBs durch den Gegner Y erschweren, sodaß die Möglichkeit eines erfolgreichen Angriffes des Gegners Y auf den Kämpfer X minimiert wird. Das sind Maßnahmen der Schutztaktik, die *Schutzmaßnahmen*, und zwar:
- ◆ kampfgerechte Stellung;
- ◆ unauffälliges Atmen;
- ◆ konsequente Schutzhaltung der Arme;

78   79   80   81   82   83

Abb. 78–80:
Linke seitliche Startkampfstellung
(oi-kumite-dachi)

Abb. 81–83:
Linke diagonale Startkampfstellung
(gyaku-kumite-dachi)

84   85   86

Abb. 84–90:
Zwischenkampfstellungen.
Wenn man sich in der Startstellung auf der Stelle dreht, geht man durch verschiedene Kampfstellungen hindurch. Im Kampf kommt es von selbst zu einer Vielzahl von solchen Zwischenstellungen, die während der Vorbereitungs- und Einleitungsmanöver – angenommen, man behält dabei konsequent die Schutzhaltung – als Übergänge bei Stellungs- und Positionswechsel angewendet werden.

87

90   89   88

♦ Minimierung der Bewegungen;
♦ Ableiten der Angriffe.

Erst durch diese Schutzmaßnahmen gesichert, soll der Kämpfer X taktisch aktiv handeln. Die Aktionstaktik besteht aus allen *Kampfaktionen*, die zur Täuschung des Gegners und zur aktiven Kampfführung dienen, so:

♦ vorbereitendes Manövrieren wie Positions- und Stellungswechsel, Kreisen und Drehen;
♦ angriffseinleitende Aktionen zur Überwindung der Distanz und zur geeigneten Einstellung des Körpers, der Hände und Füße, sowie die Beseitigung der Schutzhaltung des Gegners;
♦ Ausführung der der jeweiligen Situation angepaßten Angriffe;
♦ angriffsabschließende Sperrungen des Gegners.

Schutzmaßnahmen

Kampfstellung

Als Kampfstellung bezeichnet man im Gegensatz zur technischen Stellung (*kihon-dachi* bzw. die Ausgangsstellung, wie wir sie bisher bezeichnet haben) jene Stellung, aus welcher man:

a) eine Angriffsaktion starten oder fortsetzen kann und
b) so gut wie möglich seine vitalen Punkte vor einem Überraschungangriff schützt.

Die wichtigste von allen ist die Ausgangskampfstellung oder *Startkampfstellung (fudo-kumite-dachi)*. Das ist die Kampfstellung schlechthin. Man nennt sie auch *Guard* oder *Lauerstellung*. Die Unterschiede zur reinen technischen Übergangsstellung sind die folgenden:

♦ Die Arme werden nicht auseinandergezogen bereitgehalten, sondern befinden sich beide vor dem Rumpf, so daß einige vitale Punkte, besonders der Solar Plexus, direkt gedeckt werden; die anderen werden indirekt geschützt, indem die Hände auf kürzestem Wege mögliche Angriffe abzufangen und abzuleiten in der Lage sind. Die Hände sind offen und die Ellenbogen werden nach vorne gehalten und so weit wie möglich zusammengedrückt: Diese Händehaltung wird *Schutzhaltung* genannt.
♦ Die Beine werden so gehalten, daß sie startbereit sind und zugleich auch, soweit es möglich ist, die Genitalien schützen.

Die Hauptformen der Kampfstellung sind, so wie bei der technischen Stellung, die einseitige oder Seitenkampfstellung (*oi-kumite-dachi*; Abb. 78–80, S. 89) und die diagonale oder Diagonalkampfstellung (*gyaku-kumite-dachi*; Abb. 81–83, S. 89). Dreht man sich auf der Stelle, während man in einer Kampfstellung steht, entdeckt man viele weitere Variationen, die im Sportkampf als Zwischenstellungen vorkommen (Abb. 84–90, S. 89).

Jede der beiden Hauptformen hat ihre Vor- und Nachteile in bezug auf Schutz- und Startfunktion. Bei der *Seitenkampfstellung* sind die Genitalien und der Bauch von der Kampfachse etwas weggedreht und dadurch leichter zu schützen als bei der *Diagonalkampfstellung*, in der sie frontal zum Gegner gedreht sind. Dafür ist jedoch die Diagonalkampfstellung günstiger zum Starten als die Seitenkampfstellung.

Eine Modifikation der Startkampfstellung ist die Kontrollkampfstellung, auch nur *Kontrollstellung* gennant, die beim Abschluß eines Angriffes in der Nahkampfentfernung – und nur dann – angewendet wird. Mit der Kontrollstellung verhindern wir weitere Aktionen des Gegners durch:

- ♦ Kontrolle seiner Hände, die mit unseren Armen so weit wie möglich gesperrt werden: Die Schutzhaltung wird zur Sperrhaltung; wie die Sperre gehalten wird, hängt völlig von der Situation ab;
- ♦ Kontrolle seines Gleichgewichtes durch Anlehnung an den Gegner und teilweise Verlagerung des eigenen Gewichtes auf den Gegner zu; dabei ist die Stellung der Füße etwas kürzer als bei der Startkampfstellung, sie sind jedoch startbereit – weicht der Gegner zurück, startet man sofort zum Angriff (vgl. Abb. 121–130, S. 120–122).

Unauffälliges Atmen

Um die organisch bedingten Zeitabschnitte, in denen man aufgrund des Atmens nicht startbereit ist, nicht zu zeigen – und damit dem Gegner unsere ZVSBs nicht erkennen zu lassen – atmet man im Kampf so, daß dies nicht sichtbar wird. Der Gegner darf nicht merken, wann wir ein- und ausatmen. Dies erreicht man durch das Atmen mit dem Zwerchfell, ohne dabei die Schulterpartie zu bewegen. Wenn man außer Atem gerät, soll man bewußt die Atmung durch intensive, aber immer noch unsichtbar verlaufende Ein- und Ausatmung beruhigen. In diesem Falle atmen wir mit etwas geöffnetem Mund, wie es im Sport üblich ist.

Bei schlagartigem Ausatmen (der Kampfschrei: „Kiai!" in der traditionellen Terminologie), das zur Anspannung der Angriffsmuskelkette und besonders der Bauchmuskulatur während des Vollendung eines jeden Angriffes notwendig ist, atmet man nie vollkommen aus, damit noch die Luft für den darauffolgenden

Angriff vorhanden ist. Führt man mehrere Angriffe nacheinander durch, atmet man während der Ausholphasen ein.

Minimierung der Bewegungen

Die ZVSBs, die aufgrund nachlassender Konzentration oder Muskelentspannung entstehen, kann man nicht vermeiden; sie dürfen jedoch äußerlich nicht sichtbar werden. Man strebt danach, die Form der Kampfstellung, d.h. die konsequente Schutzhaltung und die Startbereitschaft wenigstens nach außen hin zu erhalten.

Die Bewegungen für die Positionswechsel und die Stellungsänderungen werden minimiert. Nur die wirklich funktionell unausweichlichen Bewegungen werden ausgeführt und dabei ökonomisiert. Alle Änderungen der Schutzhaltung, die zur Entspannung, Korrektur des Gleichgewichtes oder zur Einleitung eines Angriffes unbedingt notwendig sind, werden so schnell wie möglich durchgeführt und so klein wie möglich gehalten. Nach Möglichkeit verdeckt man diese Bewegungen, indem man sie während eines Positionswechsels, der sowieso ein sichtbarer ZVSB ist, durchführt. Jedoch ist jeder Positionswechsel, der keinen direkten taktischen oder technischen Zweck erfüllt, zu vermeiden. Bei der Durchführung eines Positionswechsels werden die Füße so schnell wie möglich versetzt und die Schutzhaltung nach Möglichkeit unverändert beibehalten.

Bei der Einleitung eines Fauststoßes wird die angreifende Hand so spät wie möglich zum Angriff bereitgespannt, um den kommenden Angriff nicht erkennen zu lassen und zugleich die Schutzhaltung so lange wie möglich beizubehalten. Während der Ausführung des Fauststoßes wird die freie Hand nicht zurückgezogen, wie in der rein technischen analytischen Variation, sondern bleibt, sofern sie nicht mit einem Ableiten (siehe unten) schon beschäftigt ist, in der Schutzhaltung (vgl. Abb. 179–180, S. 135).

Bei der Einleitung und Ausführung eines Fußangriffes werden die Hände, so gut es geht, in der Schutzhaltung belassen (vgl. Abbildungen im Kapitel 3).

Abfangen und Ableiten

Unter Abfangen und Ableiten verstehen wir jene ineinanderfließenden Teile einer Armbewegung, mit welcher man einen gegnerischen Angriff *abfängt* und ihn an seinem Ziel *vorbeileitet*. Beide Funktionen zusammen bilden die aktive Schutzmaßnahme *Ableitung (sukui-uke)*.

Man fängt die Hand oder den Fuß des Gegners am besten mit dem fleischigen äußeren Teil der Handfläche, während man eine kreisförmige Unterarmbewegung macht. Nach dem Kontakt wird die gegnerische Hand oder der Fuß durch das Auslaufen der kreisförmigen Handbewegung zur Seite abgeleitet und, wenn es geht, durch eine hakenähnliche Haltung unserer Handfläche teilweise gesperrt bzw. kontrolliert.

Es gibt vier Ableitungen, die nach der Zusammensetzung der vertikalen und horizontalen Richtungen der Armbewegung unterschieden werden: nach oben *(age)* oder nach unten *(otoshi)*, und nach außen (*soto*; von der Brustseite zur Rückenseite) oder nach innen (uchi; von der Rückenseite zur Brustseite). Oben und unten wird in bezug auf den Ellbogen des ableitenden Armes bezeichnet. Das sind (vgl. Abb. 91–99, S. 95):

♦ *Ona*: oben-nach-außen *(age-soto)*;
♦ *Oni*: oben-nach-innen *(age-uchi)*;
♦ *Una*: unten-nach-außen *(otoshi-soto)*;
♦ *Uni*: unten-nach-innen *(otoshi-uchi)*:

Das Ableiten kann auch mit beiden Händen gleichzeitig ausgeführt werden, wobei es zwei Möglichkeiten gibt:

♦ paralleles Ableiten (*morote-sukui-uke*; z.B. *A-oni-B-ona*);
♦ kreuzförmiges Ableiten (*jiyu-sukui-uke*; z.B. *A-oni-B-una*).

Im ersten Fall leiten beide Hände den gleichen Angriff ab, wobei die Hand, die zuerst den Angriff abfängt, durch die zweite gleich danach abgelöst wird, um für die darauffolgende Aktion frei zu sein. Im zweiten Fall, wenn nur die bedrohte Seite und die Angriffslinie (kreisförmig) bekannt sind, aber noch nicht die Höhe des Angriffes, fangen beide Hände gleichzeitig – eine unterhalb, die andere oberhalb der Gürtellinie – die Kreisbewegung an. Fängt eine der beiden Händen den Angriff ab, kann die andere als Sperre genutzt werden.

Die Ableitung ist keine bloße Schutzmaßnahme mehr, denn sie leitet den Gegenangriff im zweifachen Sinne ein. Erstens dadurch, daß es beim Gegner einen ZVSB verursacht: er befindet sich mitten im Bewegungsablauf des Angriffes, der nicht gelungen ist, und während sein angreifender Fuß oder Arm abgeleitet wird, sind seine vitalen Punkte leicht zugänglich. Zweitens dadurch, daß der erste Teil der Ableitung, das Abfangen, zugleich eine Ausholbewegung zur Bereitspannung der anderen Hand für den Gegenangriff ist, während der zweite Teil, das Ableiten selbst, gleichzeitig mit dem Gegenangriff verläuft (vgl. Abbildungen im Kapitel 3).

Die Ableitung wendet man auch als eine vorbeugende Schutzmaßnahme vor und während der Ausführung des eigenen Angriffes an. In diesem Falle dient sie zur Kontrolle bzw. Beseitigung der Schutzhaltung des Gegners (vgl. Abbildungen im Kapitel 3).

Kampfaktionen

Zunächst müssen hier die Raumkategorien erklärt werden, die die Situationen der einzelnen Kampfaktionen bestimmen: Grenzlinien, Positionen, Winkel und Distanzen. Mit Hilfe dieser Kategorien werden die einzelnen Arten von Kampfaktionen erst richtig beschrieben werden können.

Um diese Raumkategorien zu beschreiben, wird methodisch wieder ein Idealfall benutzt, und zwar eine Angriffssituation, die auf der beigelegten Skizze (Abb. 100, S. 98) dargelegt wird. Diese Angriffssituation hat folgende Merkmale:

♦ Der Angreifer X greift mit einer Fuß-Hand Kombination an; er leitet die Kombination aus der größten noch annehmbaren Entfernung von zwei Schrittlängen ein;

♦ Der Gegner kontert nicht; der Angreifer X erwischt seinen Gegner Y mit dem Fuß- und mit dem Handangriff; der Gegner Y entkommt also keinem von beiden Angriffen, obwohl er nach dem Fußangriff geradlinig zurückweicht.

♦ Es wird die Möglichkeit berücksichtigt, daß der Gegner Y dem Fußangriff mit einem Positionswechsel um einen Schritt nach *rechts* von der Kampfachse auszuweichen versucht; dennoch wird er erwischt; der darauffolgende Handangriff fällt in diesem Falle aus.

♦ Ebenso wird die andere Möglichkeit gezeigt, wenn der Gegner dem Fußangriff durch einen Positionswechsel um einen Schritt nach *links* von der Kampfachse ausweicht, aber daraufhin mit dem Handangriff erwischt wird.

Durch die beiden letzterwähnten Ausweichmöglichkeiten des Gegners Y – rechts und links von der Kampfachse – werden die Raumkategorien für Fuß- und für Handangriff voneinander getrennt dargestellt. Die dazu gehörige Legende erklärt die meisten Begriffe, die anschließend oder später gebraucht werden. Etwas weiter (Abb. 105–106, S. 101) werden noch weitere Raumkategorien erklärt, die ebenso für die Beschreibung der Kampfaktionen unumgänglich sind.

Eine jede Kampfaktion besteht aus vier taktischen Phasen: Vorbereitung, Einleitung, Ausführungs- und Abschlußaktion. Jede der vier Phasen wird im folgenden detailliert betrachtet: zunächst werden (a) alle Möglichkeiten beschrieben und anschließend (b) ihre Anwendung wiedergegeben.

Ona-Ableitung:
oben-nach-außen
(age-soto)

Oni-Ableitung:
oben-nach-innen
(age-uchi)

92

94

93

95

97

91

99

96

98

Una-Ableitung:
unten-nach-außen
(otoshi-soto)

Uni-Ableitung:
unten-nach-innen
(otoshi-uchi)

Abb. 91–99: Ableitungen *(sukui-uke)*

Nur die beiden Phasen – die eine vor und die andere nach dem Kontakt mit dem Fuß oder Arm des Gegners – des ersten Teils der Ableitung, des Abfangens, sind hier abgebildet. Der zweite Teil, das eigentliche Ableiten, verläuft gleichzeitig mit dem Handangriff. Dazu sind zahlreiche Beispiele im dritten Kapitel abgebildet.

Vorbereitungsaktionen

a) Beschreibung

In der Vorbereitungsphase werden günstige Umstände für den Angriff durch den Angreifer vorbereitet, d.h. das Entstehen eines TMs wird in die Wege geleitet. Man muß dabei so nahe an den Gegner herankommen, daß man unmittelbar in die Einleitung eines Angriffes übergehen kann, wenn man die Entstehung eines ZVSB beim Gegner hervorruft bzw. erkannt zu haben glaubt. Dabei muß man verhindern, daß der Gegner das gleiche tut.

Die folgenden Kampfaktionen werden als vorbereitendes Manövrieren miteinander verschmolzen angewendet:

♦ Positionswechsel entlang der Kampfachse durch Schritte oder Gleitschritte;
♦ Positionswechsel links oder rechts von der Kampfachse als Kreisen und Drehen; man kreist um den Gegner herum und dreht sich um die eigene vertikale Körperachse bzw. auf dem vorderen oder hinteren Fuß (Abb. 101–104, S. 100); dabei verwendet man Gleit- oder Wechselschritte;
♦ Stellungsänderungen durch Änderung der Schutzhaltung aus der Seiten- in die Diagonalstellung und umgekehrt, oder durch Beibehaltung der Schutzhaltung bei durchgeführten Schritten und Wechselschritten oder Drehungen auf der Stelle.

b) Anwendung

Das taktische Ziel dieser Phase – das Entstehen eines TMs herbeizuleiten – versucht man zu erreichen, indem man den Gegner zum Manövrieren auf der Kampffläche bringt und ihn gleichzeitig über die eigenen Absichten täuscht. Zu diesem Zweck wird die Verfolgung des gleichen taktischen Zieles seitens des Gegners Y ausgenutzt. Da er das gleiche versucht wie der Kämpfer X, kann er nur auf bestimmte voraussagbare Weisen auf die Manöver von X reagieren.

Der Kämpfer X versucht z.B., seitwärts zu manövrieren, um einen taktischen Winkel, der ihm einen seitlichen Angriff ermöglicht, zu erstellen. Der Gegner Y wird mit allergrößter Wahrscheinlichkeit versuchen, entweder durch komplementäre Manöver den Winkel nicht entstehen zu lassen oder aber ihn für seinen eigenen Angriff auszunutzen (Abb. 105–106, S. 101). Nach einigen Wiederholungen solcher Manöver beiderseits kann der Kämpfer X zu einem bestimmten Zeitpunkt das darauffolgende Manöver des Gegners Y in bezug auf die Richtung, die Geschwindigkeit, den Zeitpunkt und die Dauer – und damit das Eintreten eines ZVSBs – mit relativer Gewißheit voraussagen. In dem Augenblick, in dem das geschieht, oder X glaubt, daß es geschehen werde, muß er sich auf der für den

Angriff gegeigneten Distanz zum Gegner befinden (vgl. Tab. 3, S. 118), so daß die Ausführung des Angriffes unmittelbar beginnen kann.

Falls der Gegner von selbst hin- und hermanövriert, braucht man nur das Muster seiner Regelmäßigkeiten abzulesen, damit man ein darauffolgendes Manöver mit relativer Sicherheit voraussagen und entsprechend in die Einleitung des geeigneten Angriffes übergehen kann.

Die Vorbereitungsaktionen gehen flüssig in die Einleitungsaktionen über.

Einleitungsaktionen

a) Beschreibung

Die Einleitungsphase ist die wichtigste Phase eines Zusammenstoßes. Ob der anschließend folgende Angriff erfolgreich sein wird, hängt in großem Maße davon ab, wie die Einleitungsaktionen zusammengesetzt und ausgeführt werden. Es handelt sich nämlich um jene Zeitspanne, in welcher man – angenommen, daß der Gegner die erwarteten Manöver tatsächlich ausführt – selbst auf den Ausführungsstartpunkt des darauffolgenden Angriffes und in einen günstigen taktischen Winkel gelangen muß. Das muß zeitlich so koordiniert werden, daß in dem Augenblick, in dem beim Gegner der ZVSB im Begriff des Eintretens ist, der Bewegungsablauf des Angriffes durch den vorangehenden Start schon in Gang gesetzt worden ist. Die Einleitungsphase wird vollendet, wenn der angreifende Fuß oder Arm mitten im Bewegungsablauf die Ausstoßlage erreicht. Entsteht die Situation, die man erwartet hat – der ZVSB beim Gegner, der sich auf der Angriffsausführungsdistanz befindet – wird der Angriff ausgeführt; im Gegenfall, d.h. die Situation ist anders geworden als erwartet, kann man den Angriff noch verhältnismäßig leicht ändern bzw. stoppen.

Die Einleitung des Angriffes (bis zu dem Augenblick des Ausstoßens) besteht aus taktischen und aus technischen Einleitungsaktionen, die wir von nun an unterscheiden wollen. Die taktischen Einleitungsaktionen dienen zur Distanzüberwindung und zur Schaffung eines taktischen Winkels, sowie zur Beseitigung der Schutzhaltung des Gegners, während die technischen Einleitungsaktionen nur zur Anpassung der Körper-, Arm- und Beinhaltung an die Ausführung des eingeleiteten Angriffes dienen. Die folgenden Einleitungsaktionen werden angewendet:

- ◆ taktische Einleitung
  - • zur Distanzüberwindung
    - – Ansprung
    - – Ausfall bzw. Voransprung

(Fortsetzung S. 102)

97

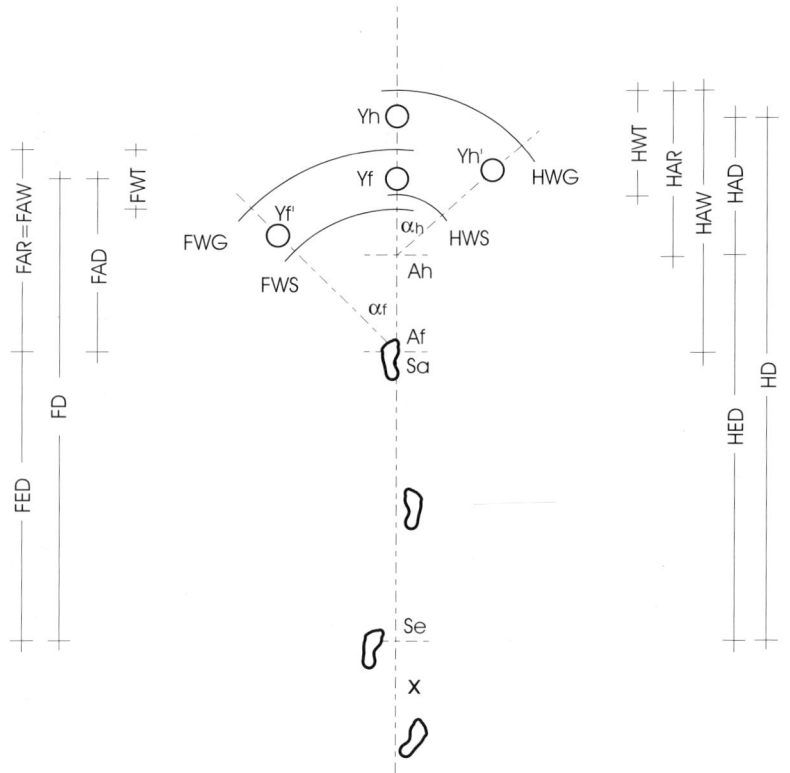

Grenzlinien, wichtige Punkte, Winkel und Distanzen
beim kombinierten Fuß- und Handangriff

Abb. 100: Raumkategorien beim Angriff

Der Angreifer X greift den Gegner Y entlang der Kampfachse aus der größtmöglichen Einleitungsdistanz mit einer Fuß-Hand-Kombination an. Um die räumlichen Kategorien beim Fußangriff und beim Handangriff klar voneinander unterscheiden zu können, werden zwei zusätzliche Beispiele simuliert: beim Fußangriff Ausweichen von Y nach links und beim Handangriff Ausweichen von Y nach rechts, bezogen auf die Kampfachse.

Die Legende befindet sich auf der gegenüberliegenden Seite.

Legende (zu Abb.100): Raumkategorien im Angriff

X – Der Angreifer
Y – Der Gegner

Grenzlinien:

FWS – Fußangriffswirkungsschwelle; der Gürtel, in dem ein Fußangriff schon wirkungsvoll zu werden beginnt und danach die volle Wirkung erreicht;

FWG – Fußangriffswirkungsgrenze: die Linie, die den Bereich abschließt, in welchem der Fußangriff wirkungsvoll ist; über die WG hinaus kann der Angriff nicht reichen;.

HWS – Handangriffswirkungsschwelle: sinngemäß gleich wie FWS.

HWG – Handangriffswirkungsgrenze: sinngemäß gleich wie FWG.

Positionen:

Se – Einleitungsstartpunkt: die Position des vorderen Fußes bei der Einleitung des Angriffes.

Sa – Ausführungsstartpunkt: die Position des vorderen Fußes während des Startes zur Ausführung des Angriffes.

Af – Fußausstoßpunkt: deckt sich räumlich mit dem Sa.

Ah – Handausstoßpunkt: zeitlich und räumlich kurz vor der Landung des angreifenden Fußes (wobei auch der bloße Schritt als ein Fußangriff mitgedacht ist);

Yf – Position des Gegners innerhalb der FWT;

Yf' – Mögliche Position des Gegners nach dem Ausweichen rechts von der Kampfachse, aber innerhalb der FWT;

Yh – Position des Gegners innerhalb der HWT.

Yh' – Mögliche Position des Gegners nach dem Ausweichen links von der Kampfachse, aber immer noch innerhalb der HWT.

Winkel:

α_f – Taktischer Winkel zum Vorteil von Y; zugleich auch der Angriffswinkel des X zur Anpassung der Angriffsachse des Fußes beim Ausstoß.

α_h – Taktischer Winkel zum Vorteil von Y; zugleich auch der Angriffswinkel des X zur Anpassung der Angriffsachse der Hand beim Ausstoß.

Entfernungen:
(alle Entfernungen sind im Grundriß angegeben)

FD – Fußangriffsdistanz: sie besteht aus der Fußangriffseinleitungsdistanz (FED) und der Fußangriffsausführungsdistanz (FAD), gemessen vom Ballen des vorderen Fußes auf Se bis zu dem angegriffenen vitalen Punkt Yf.

HD – Handangriffsdistanz: sie besteht aus der Handangriffseinleitungsdistanz (HED) und der Handangriffsausführungsdistanz (HAD).

FED – Fußangriffseinleitungsdistanz: die Entfernung zwischen dem Einleitungsstartpunkt Se und Fußausstoßpunkt Af; sie beträgt von 0 bis max. 2 Schrittlängen;

FAD – Fußangriffsausführungsdistanz: sie hängt ab von der Position des Gegners innerhalb der Fußangriffswirkungstiefe, gemessen von dem Fußausstoßpunkt Af bis zum angegriffenen vitalen Punkt Yf;

FAR – Fußangriffsausführungsreichweite: die maximale FAD.

FWT – Fußangriffswirkungstiefe: die Distanz zwischen der Fußangriffswirkungsgrenze FWG und der Fußangriffswirkungsschwelle FWS; sie ist je nach dem Typ des Angriffes verschieden;

HED – Handangriffseinleitungsdistanz: sinngemäß gleich wie FED, jedoch um ungefähr einen halben Schritt länger;

HAD – Handangriffsausführungsdistanz: sinngemäß gleich wie FAD; sie wird dem Handausstoßpunkt Ah bis zum angegriffenen vitalen Punkt Yh gemessen.

HAR – Handangriffsausführungsreichweite: die maximale HAD.

HWT – Handangriffswirkungstiefe: sinngemäß wie FWT.

FAW – Fußangriffswirkungsweite: die Distanz zwischen dem Ausführungsstartpunkt Sa und der Fußangriffswirkungsgrenze FWG; identisch mit der Fußangriffsausführungsreichweite FAR.

HAW – Handangriffswirkungsweite: die Distanz zwischen dem Ausführungsstartpunkt Sa und der Handangriffswirkungsgrenze HWG: größer als die Handangriffsausführungsreichweite HAR.

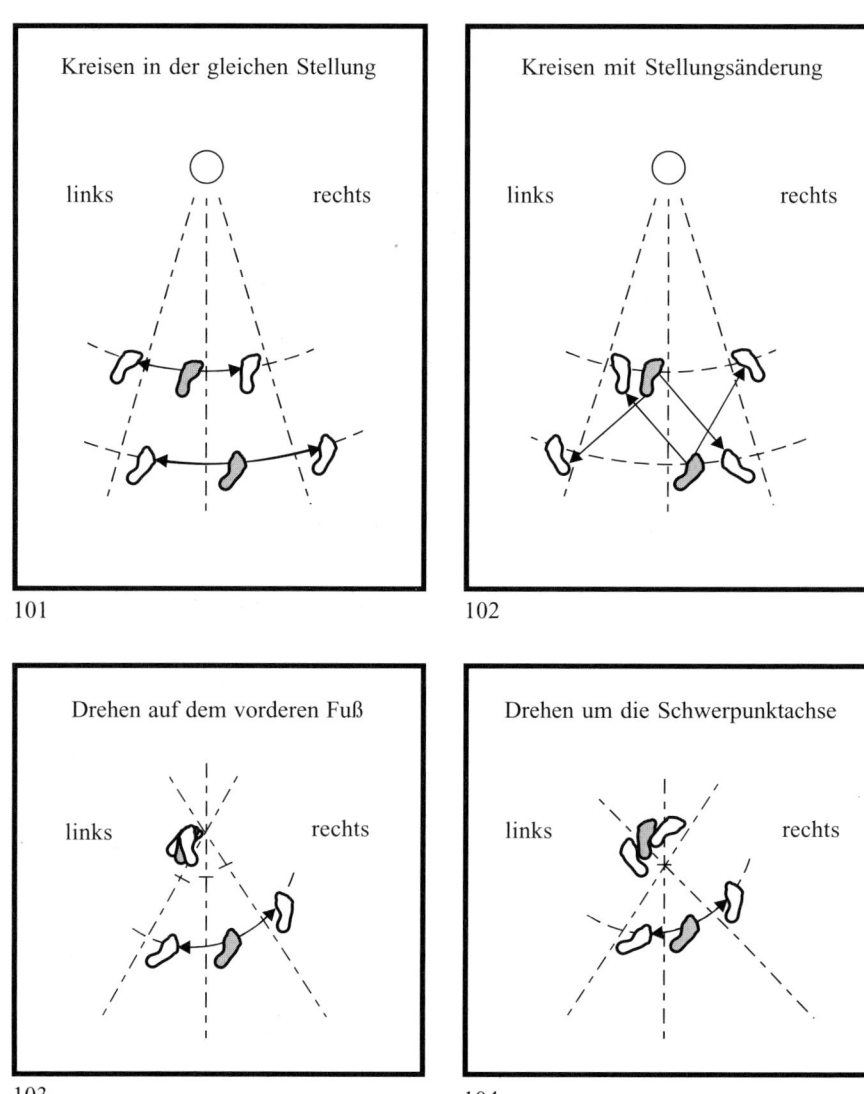

Abb. 101–104: Typische Beispiele des Kreisens und Drehens

Das Drehen auf dem vorderen Fuß ist der Grenzfall zwischen Kreisen und Drehen. Das Drehen auf dem hinteren Fuß ist nur sinnvoll, wenn das Körpergewicht überwiegend den hinteren Fuß belastet. Gleichzeitig mit dem Drehen kann man auch die Stellung ändern.

X kreist, Y kreist	X kreist, Y dreht sich
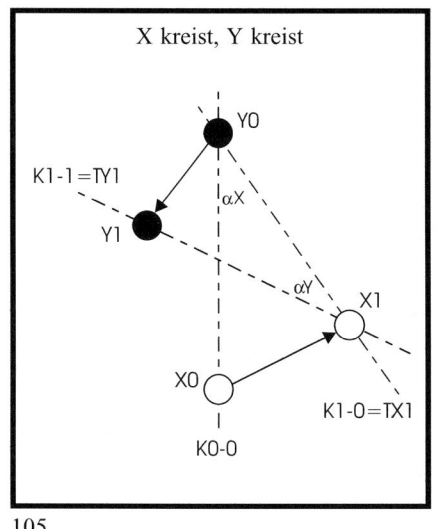	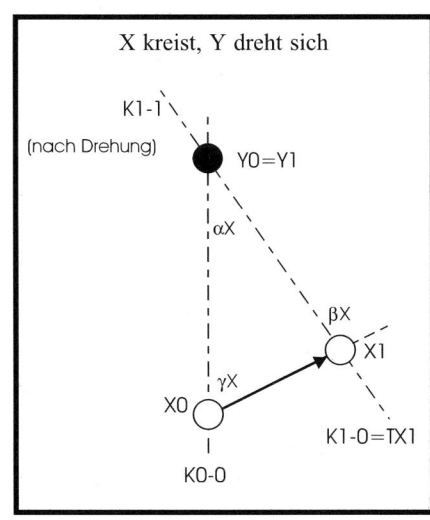
105	106

Abb. 105–106: Taktische Situationen bei seitwärtigen Manövern

<u>*Legende:*</u>

0	–	*Kämpfer X*		*K0-0*	–	*Kampfachse zwischen den*
0	–	*Kämpfer Y*				*Ausgangspositionen von X*
X0	–	*Ausgangsposition des X*				*und Y*
X1	–	*Standort des X nach*		*TX1*	–	*taktische Achse zum Vorteil*
		Positionswechsel				*von X*
Y0	–	*Ausgangsstandort des Y*		*K1-0*	–	*Kampfachse nach dem*
Y1	–	*Standort des Y nach*				*Positionswechsel von Y*
		Positionswechsel		*TY1*	–	*taktische Achse zum Vorteil*
αX	–	*taktischer Winkel zum Vor-*				*von Y*
		teil von X		*K1-1*	–	*Kampfachse nach dem*
αY	–	*taktischer Winkel zum Vor-*				*Positionswechsel oder Dre-*
		teil von Y				*hen des Y*
βX	–	*Angriffswinkel des X*				
γX	–	*Ausweichwinkel des X*				

Wenn der Kämpfer X seitwärts seine Position wechselt, entsteht damit ein taktischer Winkel zu seinem Vorteil, bis sich der Gegner Y zu ihm nachdreht (Abb. 106) oder entsprechend seine Position wechselt (Abb. 105). Im zweiten Fall erzielt der Gegner Y selbst einen taktischen Winkel zu seinem Vorteil. So übernimmt er die Führung des Kampfes, bis sich der Kämpfer X an die neue Kampfachse anpaßt.

- Aussprung bzw. Schritt
  - Gleitschritt
- zur Schaffung eines taktischen Winkels
  - Gleitschritt seitwärts
  - Wechselschritt seitwärts
  - Ansprung seitwärts
  - Ausfall seitwärts
- zur Beseitigung der Schutzhaltung
  - Ableitungen
◆ technische Einleitung
- zur Stellungsanpassung für einen Fußangriff
  - Start
  - Start mit Übersetzung
  - Start mit Umdrehung
  - Start mit Gegenumdrehung
- zur Stellungsanpassung für einen Handangriff
  - Bereitspannung
  - Händewechsel mit Bereitspannung

Die beigefügte Tabelle 2 (S. 104) gibt eine Übersicht über die Zusammenwirkung von distanzüberbrückenden Manövern für verschiedene Entfernungen – bis zu einer Schrittlänge – mit den Aktionen für die Stellungsanpassung für einen Fußangriff.

Als Ausfall bezeichnet man ein schnelles Voranschieben des vorderen Fußes (Abb. 111, S. 105), während als Ansprung ein sprunghaftes Versetzen des hinteren Fußes neben den vorderen Fuß – wobei dieser in die Ausstoßlage für den betreffenden Fußangriff angehoben wird – bezeichnet wird (Abb. 109, S. 105). Springt man vor dem vorderen Fuß an, ist das ein Voransprung, der für die Überwindung der gleichen Distanz dient, wie der Ausfall, nur mit dem hinteren Fuß. Diese Distanz beträgt ungefähr einen halben normalen Schritt. Ein sprungartiger, langer Ausfall ist ein Aussprung, der ungefähr eine Schrittlänge beträgt.

Das Übersetzen ist eine Versetzung des vorderen Fußes über die Kampfachse: damit schafft man eine bessere Ausgangslage für kreisförmige und rückwärtige Fußangriffe. Die letzteren brauchen dazu noch eine einleitende Umdrehung oder Gegenumdrehung des Körpers (Vgl. Abb. 108, 110, 112, 114, S. 105). Bei der Umdrehung läuft der angreifende Fuß nach dem Start durch die Ausstoßlage hindurch. Bei der Gegenumdrehung wird dagegen der angreifende Fuß nach dem Start kreisförmig vor dem Standbein geschwungen und in seine Ausstoßlage in der dem Angriff entgegengesetzten Richtung zurückgezogen (wie dies bei den taktischen Variationen der 10. und 12. Kombination geschieht).

Die technischen Einleitungsaktionen werden den Umständen entsprechend in ihren taktischen Variationen durchgeführt. So wird die Übersetzung größer oder kleiner sein, oder die Umdrehung bzw. Gegenumdrehung mehr oder weniger weit ausgeführt, je nach dem erwarteten Standort des Gegners im Augenblick der Angriffsausführung.

Die technischen und taktischen Einleitungsaktionen verschmelzen normaleweise miteinander, bis man sie – wie bei seitlichen Angriffen – voneinander kaum noch unterscheiden kann.

b) Anwendung

Welche der aufgezählten Einleitungsaktionen in welcher Reihenfolge angewendet wird, hängt ab von:
♦ der Entfernung – in bezug auf die erwartete Position des Gegners im Augenblick der Angriffsausführung – aus welcher die Einleitung startet;
♦ der Zeit, in welcher man erwartet, daß sich der Gegner im ZVSB befinden werde;
♦ der Richtung, aus welcher der Gegner in die Position des ZVSBs geraten werde;
♦ der Art des geplanten Angriffes;
♦ der Form und Seite der Kampfstellung, aus welcher man die Einleitung startet.

Die absolute Zeit, die für eine Einleitung zur Verfügung steht, wird durch das Wahrnehmungs- und Reaktionsvermögen des Gegners bestimmt. Erst muß er merken, daß ein Angriff eingeleitet wird, und dann muß er noch sein schon in Gang gesetztes Manöver ändern. Der Angriff muß eingeleitet und ausgeführt werden, bevor dies geschehen kann. Demzufolge versucht jeder Kämpfer mit möglichst wenig einleitenden Fußversetzungen anzugreifen; während des Kampfes versucht er eine solche Kampfdistanz zum Gegner einzuhalten, die ihm die schnellste Angriffsausführung ermöglicht, ihm zugleich aber auch ausreichend groß erscheint, um die Angriffsabsichten des Gegners rechtzeitig erkennen zu können.

Erfahrungsgemäß kann die Einleitung nicht länger dauern als der notwendige Zeitraum zur Ausführung von zwei Schritten. Dementsprechend kann die maximale Einleitungsdistanz, aus welcher man die Einleitung startet, nicht mehr als zwei Schrittlängen betragen. Eine so lange Einleitung kommt normalerweise nur bei den Fangangriffen in Betracht, wenn man den zurückweichenden Gegner verfolgt. Die Einleitung mit zwei Fußversetzungen, die als technische Modifikationen von zwei Schritten angesehen werden können, wird auch bei seitlichen Gegenangriffen angewendet, wobei aber die taktische und die technische Einlei-

Einleitung eines Angriffes aus der linken Kampfstellung				Technische Einleitung: Körperanpassung						
Taktische Einleitung: Distanzüberwindung				kreisen	Um-dre-hung	Ge-gen-um-dre-hung	Über-set-zung	Über-set-zung und Um-dre-hung	Über-set-zung und Ge-gen-umdre-hung
Einlei-tungsdi-stanz in Normal-schritten	An-grei-fen-der Fuß	Ver-setz-ter Fuß	Art der Fußver-setzung						
0	R		keine						
	L	R	Ansprung						
0 bis 0,5	R	L	Ausfall						
	L	R	Voran-sprung						
0,5 bis 1	R	L	Aus-sprung						
	L	R	Schritt						

Tabelle 2: Zusammenwirken von technischen und taktischen Einleitungsaktionen

Jede technische Fußversetzung bzw. Drehung kann mit jeder einzelnen taktischen distanz-überwindenden Fußversetzung verbunden werden. Auch einzelne taktische Fußversetzungen können bei größeren Einleitungsdistanzen miteinander kombiniert werden, so z.B. L-Ausfall und R-Ansprung, oder L-Ausfall und R-Schritt, usw.

*107 keine Einleitung; direkter An-
    griff*

*108 Übersetzung mit Umdrehung
    Ansprung mit Übersetzung und*

109 Ansprung

110 Gegenumdrehung

Abb. 107–114: Beispiele der zusammengesetzten Einleitungen

111 Ausfall

112 Ausfall mit Umdrehung

113 Schritt

114 Schritt mit Umdrehung

tung miteinander verschmelzen und sich auf diese Weise die tatsächliche Einleitungszeit wesentlich verkürzt. Die am häufigsten gebrauchte taktische Einleitung besteht jedoch nur aus einem Schritt bzw. einer Fußversetzung. Bei direkten Angriffen, welche besonders beim direkten Kontern vorkommen, wenn der Gegner selbst auf uns zukommt, braucht man sogar keine distanzüberwindende taktische Einleitung.

Ausführungsaktionen

a) Beschreibung

Während der Ausführungsphase ist das Ziel des Kämpfers X, das erwartete TM auszunutzen und dabei dem Gegner Y die Ausnutzung des eigenen, durch die Angriffsausführung entstandenen ZVSBs, zu verhindern. Die Fuß- und Handangriffstechniken werden dabei den durch Vorbereitung und Einleitung entstandenen Kampfsituationen angepaßt und aus der jeweiligen Ausstoßlage ausgeführt.

■ **Fußangriff**
Die sechs Typen der Fußangriffe, wie sie in den technischen Grundlagen unseres Kampfsystems stereotypisiert sind, werden in Einzelheiten modifiziert angewendet. Den folgenden Umständen müssen sie Rechnung tragen:
   ◆ dem Einleitungsmanöver; der eigentliche Angriff beginnt erst, wenn das Standbein das ganze Körpergewicht und die Beschleunigung des Startes übernimmt und nun dem angreifenden Bein, das zum Angriff bereit hochgehoben worden ist, durch eine Abstoßung des ganzen Körpers nach vorne, zusätzliche, durch die Hüfte übertragene Beschleunigung, die mit dem Ausstrecken des angreifenden Beines synchronisiert ist, erteilt; von der vorangehenden Einleitungsaktion ist es abhängig, wie die Bewegungen der einzelnen Körperteile miteinander harmonisiert werden, um die Impulserzeugung und -übertragung zu maximieren; dies bestimmt entscheidend die Erscheinungsform des Ablaufes sowie die Geschwindigkeit und die Stärke des ausgeführten Angriffes;
   ◆ der Entfernung des Gegners im Augenblick des Impaktes und der Höhe des angegriffenen vitalen Punktes; dies bestimmt den Grad der Ausstreckung und des Anhebens des angreifenden Beines;
   ◆ dem Positionswechsel des Gegners während der Angriffsausführung links oder rechts neben der Kampfachse (aber innerhalb der Ausführungsreichweite); dies verlangt eine Anpassung des Angriffswinkels d.h. entweder eine verstärkte oder eine reduzierte Drehung des Standbeines.

■ **Handangriff**
Die technische Ausführung des Handangriffes wird modifiziert gemäß:

♦ der Entfernung des Gegners im Augenblick des Impaktes und der Höhe des angegriffenen vitalen Punktes; der Arm wird entsprechend mehr oder weniger ausgestreckt – seine Wirkungstiefe reicht von der Nahkampf-entfernung (Clinch) bis zur vollen Armlänge;

♦ dem Positionswechsel des Gegners links oder rechts neben die Kampfachse in dem Zeitabschnitt zwischen dem Ausstoßen des Fußangriffes und dem Ausstoßen der Hand; dies erfordert eine Anpassung des Angriffswinkels, was auf zweifache Weise geschehen kann:

  • soweit es möglich ist, durch eine entsprechende Drehung des ganzen Körpers auf dem Standbein, bevor der angreifende Fuß gelandet ist, und während die Hand angreift, und

  • soweit das erste nicht ausreicht, durch eine zusätzliche Anpassung der Angriffsachse der angreifenden Hand;

♦ der Schutzmaximierung während der Einleitung des Handangriffes; im Kampf soll man die angreifende Hand so spät und so schnell wie möglich bereitspannen;

♦ der Schutzhaltung des Gegners, die durch das mit dem Handangriff gleich-zeitig verlaufende Ableiten beseitigt wird, so daß der angegriffene vitale Punkt zugänglich wird.

♦ dem eventuellen Hindernis (z.B., wenn der Gegner den Kopf mit den Schultern verdeckt), das man nicht beseitigen kann; in solchen Fällen erreicht man den Zielpunkt mit einem über-, um- oder untergeleiteten Angriff bzw. mit Modifikationen des Handangriffes, wie Faustschlag, Hammerschlag, Handrückenschlag oder Handkantenschlag;

♦ dem Kontern des Gegners, das während des Handangriffes abgefangen und kontrolliert oder abgeleitet werden muß.

♦ dem Ausfallen des vorangehenden Fußangriffes (auch des bloßen Schrit-tes); in solchen Fällen wird der Handangriff nur mittels Gewichtsverlagerung und Körperver- bzw. -entwringung ausgeführt.

Normalerweise muß jeder Angriff mehreren der erwähnten Umstände gleich-zeitig angepaßt werden. So kann es auch vorkommen, daß die Angriffe aus taktischen Gründen in ihren Bewegungsabläufen so sehr modifiziert werden, daß man einzelne Arten von Angriffen untereinander nicht mehr klar unterscheiden kann. Solange diese Angriffe wirksam sind, – darauf kommt es an – wird eine solche Unterscheidung auch nicht wichtig.

b) Anwendung

Die Ausführungsphase des Angriffes fängt an, wenn sich der ganze Körper in der Ausstoßstellung für den Fußangriff befindet und der notwendige Bewegungsab-lauf schon eingeleitet worden ist.

Grundsätzlich greift man mit einer Kombination Fuß-Hand an. Der Fußangriff leitet den Handangriff nicht nur technisch, sondern auch taktisch ein. Sei er erfolgreich oder nicht, er führt in der Regel zu einem neuen TM, oder bedingt, daß das Bestehende verlängert wird.

Falls sich der Gegner nach unserem Fußangriff – egal, ob erfolgreich oder nicht – außerhalb der Wirkungsreichweite der Hand, aber innerhalb der Wirkungsreichweite des Fußes befindet, greift man ihn erneut mit einem Fußangriff (mit dem anderem Fuß), und anschließend mit der Hand an. Auf diese Weise kann man die Angriffe aneinanderreihen, bis der Bewegungsablauf technisch abgebrochen wird oder aufgrund der taktischen Unzweckmäßigkeit naturgemäß ausläuft. Mit dem Höhepunkt des letzten Angriffes (mit der Hand oder dem Fuß) läuft die Phase der Angriffsausführung ab.

Beim Kontern werden selten mehr als zwei aufeinanderfolgende Angriffe (Fuß-Hand-Kombinationen) ausgeführt. Oft kann es vorkommen, daß man nur mit einem einzelnen Fußangriff kontert, besonders in den Fällen, wenn der Fußangriff den Gegner aus dem Gleichgewicht gebracht hat und dadurch der Bewegungsfluß des Angriffes ausläuft. Umgekehrt werden sehr oft beim Kontern nur Handangriffe gebraucht, ohne jegliche Fußaktion, da die Zeit und die Distanz nichts anderes erlauben.

Abschlußaktionen

a) Beschreibung

Das taktische Ziel der Abschlußphase ist es, den Zusammenstoß so abzuschließen, daß es dem Gegner Y unmöglich wird, den Kampf fortzusetzen, während der Kämpfer X die Situation unter Kontrolle hat. Dazu verwendet man die schon bekannte technische Variation des Abschließens mit einigen taktischen Modifikationen, die völlig von der gegebenen Situation abhängig sind: mehr oder weniger ausgestreckter Arm beim Blockstoß, mehr oder weniger ausgeprägte Kontrollstellung bzw. Sperrhaltung, wobei auch die andere Hand mehr oder weniger beschäftigt werden kann, sowie mehr oder weniger kurze Stellung mit Verlagerung des Gewichtes auf den Gegner zu.

b) Anwendung

Zwei Hauptvarianten des Abschließens kommen vor:
♦ Der Gegner Y befindet sich außerhalb der Reichweite der Hände des Kämpfers X: der Kämpfer X stellt durch die Abschlußaktion die Startkampfstellung wieder her.

♦ Der Gegner Y bleibt nach dem letzten Angriff des Kämpfers X stehen. Die Wucht des Angriffes bringt den Kämpfer X näher an den Gegner Y und wird auch für den Blockstoß ausgenutzt. Die Hände des Gegners Y werden gesperrt und durch Verlagerung des Körpergewichts auf ihn zu hält ihn der Kämpfer X in einem labilem Zustand, aus welchem heraus er angriffsunfähig ist. Der Kämpfer X befindet sich dagegen in der Kontrollstellung, aus welcher er, falls notwendig, mit Nahkampftechniken (z.b. Würfe) weiterkämpfen kann. Auch wenn der Gegners Y zurückweicht, kann ihm der Kämpfer X sofort mit einem Start folgen und entweder die Kontrollstellung wiederherstellen oder erneut angreifen.

Es gibt jedoch auch eine dritte Variante der Abschlußaktion.

♦ Wenn der Gegner Y dem Kämpfer X nach seinem Angriff aus der Reichweite seiner Hände zu entkommen versucht, der Kämpfer X aber nicht für einen weiteren Angriff startbereit ist, wird er den Gegner Y greifen und unter Kontrolle halten.

Bei den Abschlußaktionen (und Kontrollstellungen) gibt es Modifikationen entsprechend der jeweiligen Situation (Abb. 121–130, S. 120–122). Das Maßgebende dabei ist, daß der Gegner handlungsunfähig ist, während der Angreifer startbereit ist. Dafür ist es besonders angemessen, den Gegner möglicherweise von der Außenseite her (seine Rückenseite) zu sperren.

Europäische Wurzeln des Karate-Sports

Zwei Illustrationen aus dem Buch Fechtkunst *von J. A. Schmidt aus dem Jahre 1713. Oben scheint der Angreifer einen einseitigen Feger ansetzen zu wollen, gleichzeitig zum hohen Faustschlag bereitspannend. Die Schutzhand kontrolliert dabei den Gegner. Unten sieht man eine ähnliche Bereitspannung (Ausholen) für den Schwinger, während der Gegner sich sehr gut mit den Händen schützt.*

3. ANWENDUNG DES KAMPFREPERTOIRES IM SPORT-KARATE

DAS KAMPFGESCHEHEN

Verlauf des Sportkampfes

Bisher haben wir die technischen und taktischen Grundlagen unseres Sport-kampfsystems kennengelernt und ihre gegenseitige Bedingtheit erläutert. Alles, was man im Sportkampf tut, besteht aus diesen zwei Grundlagen, die in der Anwendung miteinander verschmelzen: Die taktische Angemessenheit bestimmt die Modifizierung der Ausführungsform einer Technik, und die technische Ausführbarkeit bestimmt die Anwendbarkeit einer Taktik.

Kaum ein Zusammenstoß durchläuft alle taktischen Phasen. Normalerweise werden einzelne Phasen übersprungen – wenn sie dem Kämpfer nicht notwendig erscheinen – oder aber gegebenenfalls mehrmals wiederholt. Das beigelegte Diagramm (Abb.115, S.113) der Ablaufmöglichkeiten des Kampfgeschehens im Sportkampf verdeutlicht, wieviele Rückkopplungen vorkommen können – wobei die Unterbrechungen des Kampfes seitens des Schiedsrichters der Übersicht halber nur in zwei Fällen berücksichtigt worden sind. Während des Kampfes ist es immer zu erwarten, daß die jeweils ablaufende Kampfaktion entweder durch den Kämpfer X selbst oder durch eine Gegenaktion des Gegners Y, oder aber durch den Schiedsrichter unterbrochen wird.

Während das letztere ein endgültiges Ende eines Zusammenstoßes ist, geben die ersten zwei Arten von Unterbrechungen dem Kämpfer X – sowie seinem Gegner Y – immer noch die Möglichkeit, weiter kämpfen zu können. Man kann erneut eine taktische Aktion, die im gegebenen Augenblick als angemessen erscheint, anfangen, oder aber gleich in die nächste oder übernächste Phase übergehen. Kommt z.b. der Gegner Y näher heran als erwartet, kann der Kämpfer X anstatt mit dem Fuß sofort mit der Hand angreifen. Ebenso kann er aus einer Vorbereitungsaktion direkt in einen Handangriff übergehen oder einen Fußangriff unmittelbar mit einem Blockstoß abschließen (wie es z.B. oft beim Kontern passiert). Wenn es in bezug auf die Situation sinnvoll ist, kann man auch, bis zur Unterbrechung des Zusammenstoßes, mehrere Angriffe nacheinander ausführen. Sehr oft wird auch gar kein Abschluß gemacht.

Es würde den Rahmen dieses Buches sprengen, wollten wir hier die vielen Möglichkeiten des Ablaufs eines Zusammenstoßes gründlicher bearbeiten. Unsere Aufgabe ist darauf begrenzt, diese Möglichkeiten nur anzudeuten. Daher werden wir uns nur mit jenen Verbindungen von Kampfaktionen beschäftigen, bei denen es zu keinem Bruch oder keiner Änderung im Bewegungsablauf kommt. Vor allem interessiert es uns, wie man aus taktischen Gründen die Angriffe bewegungsgemäß aneinanderfügt und was dabei aus unseren technischen Kombinationen entsteht.

Anwendung der Kampfkombinationen

Solange es in bezug auf das Verhalten des Gegners sinnvoll und in bezug auf unseren eigenen Bewegungsablauf technisch ausführbar ist, wollen wir im Sportkampf ineinander überfließende Angriffe anwenden. Die Zusammensetzung der Angriffe wollen wir jedoch nicht dem Zufall überlassen. Wir haben uns darauf schon vorbereitet, indem wir aus den sechs Typen von Fußangriffen und darauffolgenden Handangriffen 1 und 2 die zwölf Kombinationen zusammengesetzt haben, von denen es rechts und links ausgeführt zusammen 24 gibt. Wendet man diese 24 Kombinationen unter Kampfbedingungen an, steigt die Anzahl der taktischen Variationen sehr schnell. Dies wird durch folgende Umstände bestimmt:

♦ die Form und die Seite der Kampfstellung, aus welcher man einzelne Kombinationen startet (linke oder rechte, Seiten- oder Diagonalstellung);

♦ die Angriffsdistanz und den taktischen Winkel (Anwendung taktischer Aktionen zur Distanzüberbrückung und zum seitwärtigen Positionswechsel);

♦ die Art der Beseitigung der Schutzhaltung oder der Ableitung des Angriffes des Gegners (ona, oni, una, uni);

Abb. 115:
Ablauf des
Kampfgeschehens
im Sportkampf

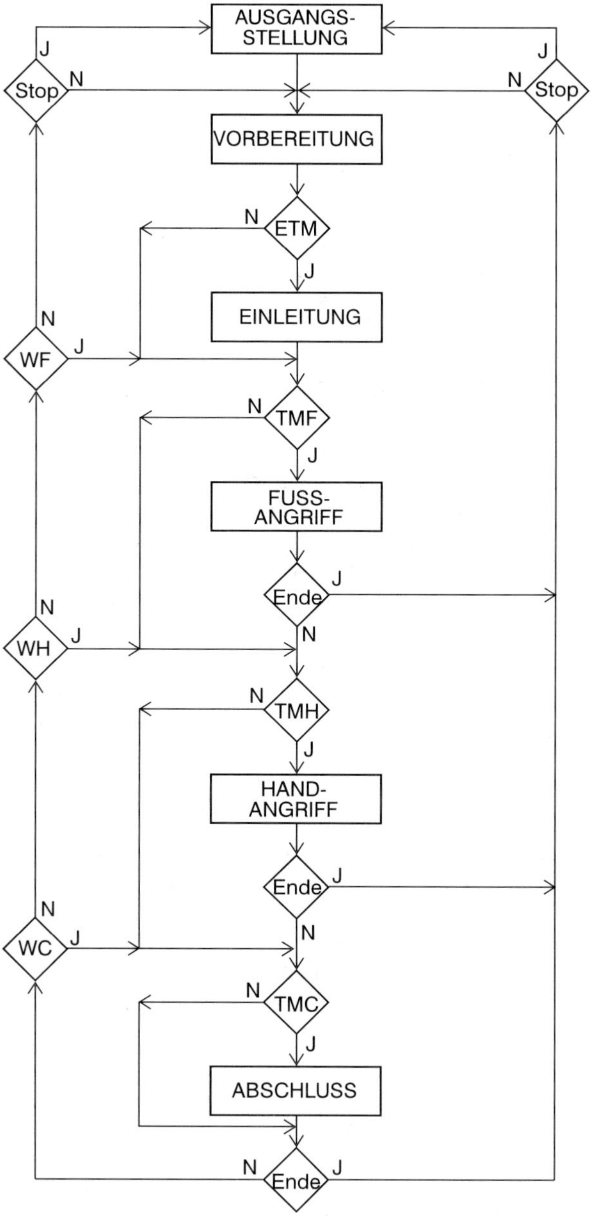
AUSGANGS-STELLUNG
J
J
Stop
N
N
Stop
VORBEREITUNG
N
ETM
J
EINLEITUNG
N
WF
J
N
TMF
J
FUSS-ANGRIFF
Ende
J
N
WH
J
N
N
TMH
J
HAND-ANGRIFF
Ende
J
N
WC
J
N
N
TMC
J
ABSCHLUSS
N
Ende
J

<u>Legende</u>:

ETM – *Entstehung eines Taktischen Momentes*

TMF – *Taktisches Moment für Fußangriff*

TMH – *Taktisches Moment für Handangriff*

TMC – *Taktisches Moment für Abschluß*

WF – *Wiederholung Fußangriff*

WH – *Wiederholung Handangriff*

WC – *Wiederholung Abschluß*

Ende – *Auslauf des Zusammenstoßes*

Stop – *Unterbrechung des Kampfes seitens des Schiedsrichters*

◆ die Höhe des Zielpunktes für Fuß- oder Handangriff (Kopf oder Körper);
◆ die Ausführungsdistanz (mehr oder weniger ausgestrecktes Bein oder Arm im Angriff).

Den Kampfbedingungen entsprechende Variationen von grundlegenden technischen Kombinationen nennen wir Kampfkombinationen.

Außer der Anwendung der grundlegenden Kombinationen ist es im Kampf sinnvoll, der jeweiligen Kampfsituation entsprechend einzelne Angriffe miteinander bzw. mit einzelnen Kombinationen zu verbinden, oder aber einzelne Kombinationen zusammenzufügen. Auch diese Variationen werden Kampfkombinationen genannt.

Kampfkombinationen sind eng miteinander verwandte Bewegungsabläufe, die einer automatisierten Selektionierung, der Ausführung der Angriffe und dem Bedarf des Augenblickes Rechnung tragen. Da jedoch nicht *alle* möglichen Kampfsituationen vorhergesehen werden können, wird nur eine zu bewältigende Anzahl von Kampfkombinationen programmgemäß eingeübt. Das sind zunächst die grundlegenden Kampfkombinationen, kurz *Kombinationen* genannt, sowie eine bestimmte Anzahl von frei zusammengesetzten Kampfkombinationen, die allgemein gebräuchlich geworden sind und Kampfserien, oder kurz *Serien*, heißen.

Die Kombinationen und Serien bieten dem Sportkämpfer eine breite Palette von Kampfkombinationen zur Anwendung an, die alle aus den dargestellten technischen und taktischen Grundlagen abgeleitet worden sind. Aus denselben Grundlagen kann er sich aber auch selbst neue Serien als seine Spezialkombinationen zusammenstellen. So haben wir ein Sportkampfsystem, das in seinem Grundgerüst übersichtlich ist und, zugleich eine reiche Auswahl an Anwendungsmöglichkeiten und zur Individualisierung anbietet.

Im folgenden wollen wir die Möglichkeiten darstellen, wie die grundlegenden Kampfkombinationen in Fangangriffen und in Gegenangriffen variiert werden. Anschließend werden die freien Kampfkombinationen dargestellt: die Zusammensetzung der Serien, die geläufigsten Serien sowie die Merkmale der Spezialkombinationen. Abschließend wollen wir auch die Anwendbarkeit der Sprungtechniken aus der Sicht eines konsistenten Karate-Sportkampfsystems verdeutlichen.

GRUNDLEGENDE KAMPFVARIATIONEN

Variationen der Angriffe

Beim Angriff erwischt man den Gegner, der sich entweder selbst nicht zum Angriff entschließen kann, oder sich sogar im Rückzug befindet. Die Form und die Seite der Startkampfstellung, und vor allem die Distanz, aus welcher man einen Fangangriff einleitet, sowie die Form und die Seite der Kampfstellung des Gegners im Augenblick, wenn er erwischt wird, sind die maßgebenden Faktoren für die Modifizierung der angewendeten Kombination.

Entsprechend der Einzelheiten, um die es einem geht, gibt es recht viele Variationsmöglichkeiten. Da sie jedoch in diesem Buch nur angedeutet werden können, werden wir ihre Anzahl auf das Notwendigste begrenzen. Demzufolge wollen wir alle unsere Fangangriffe immer nur aus der linken einseitigen Kampfstellung starten, während der Partner – unser Gegner – auch immer in derselben Kampfstellung erwischt wird.

Insofern bleiben noch die Varianten der Einleitung, die von der Kampfdistanz abhängig sind. Gemessen von dem vorderen Fuß bis zum Grundriß des Mittelpunktes des Gegners gibt es unterschiedlich große Kampfdistanzen. Überblickshalber wollen wir hier sechs Grenzfälle hervorheben; sie ergeben sich aus dem Versuch einer Typisierung der Angriffsdistanzen entsprechend ihrer Angemessenheit für einzelne Angriffstypen bzw. Kombinationen.

Für jeden Angriffstyp gibt es eine spezifische Kampfdistanz, *direkte Angriffsdistanz* genannt, aus welcher der betreffende Angriff unmittelbar, ohne jegliche distanzüberwindende Einleitung, starten kann, wenn man mit dem hinteren Fuß angreift. Greift man mit dem vorderen Fuß an, so wird der hintere Fuß durch einen Ansprung auf die Position des vorderen versetzt, und die Angriffsdistanz bleibt dieselbe. Die direkte Angriffsdistanz deckt sich mit der Wirkungsweite des betreffenden Angriffes (wobei wir für unsere Zwecke die Tatsache vernachlässigen können, daß dieselben Angriffe eine etwas kürzere direkte Angriffsdistanz brauchen, wenn sie zum Kopf statt zum Körper ausgeführt werden). Bei größeren Angriffsdistanzen muß derselbe Angriff vor dem Start entweder mit einem Ausfall bzw. einem Voransprung, oder mit einem Aussprung bzw. einem Schritt eingeleitet werden. Dementsprechend hat jede Art des Fußangriffes – und damit jede Kombination, die mit dem betreffenden Fußangriff beginnt – drei typische

Einleitungen, die bei drei typischen Angriffsdistanzen zur Anwendung kommen. Berücksichtigt man dazu, daß es vier Gruppen von Fußangriffen bzw. Kombinationen gibt, die ungefähr gleich große Wirkungsweite haben, dann ergeben sich folgende typische Angriffsdistanzen:

◆ *Clinch*- oder *Kontaktdistanz*: für direkte Angriffe mit 5A und 6B, wenn beide Beine gleichzeitig angegriffen werden, und auch für die halb ausgestreckten Variationen der Handangriffe 1B und 2A; sie beträgt ungefähr eine Armlänge;

◆ *Nahdistanz*: für direkte Angriffe mit 1B und 2A, sowie 5A und 6B, wenn das vordere Bein angegriffen wird, und für direkte Angriffe mit 11A und 12B; sie ist ungefähr eine halbe normale Schrittlänge größer als die Clinchdistanz;

◆ *Kurzdistanz*: für direkte Angriffe mit 3A und 4B sowie 9A und 10B; sie ist um ungefähr einen normalen Schritt größer als die Clinchdistanz (vgl. Abb. 116, S. 119);

◆ *Mitteldistanz*: für direkte Angriffe mit 1A und 2B; sie ist ungefähr um die Länge eines Angriffsschrittes größer als die Clinchdistanz (Abb. 117, S. 119);

Darüber hinaus unterscheiden wir noch zwei typische Angriffsdistanzen, aus welcher aber nur noch einige eingeleitete Angriffe gestartet werden können:

◆ *Großdistanz*: für eingeleitete Angriffe vom Typ I, II und V; sie ist ungefähr um die Länge zweier normaler Schritte größer als die Clinchdistanz (Abb. 118, S. 119);

◆ *Weitdistanz*: für eingeleitete Angriffe vom Typ I; sie ist ungefähr um die Länge zweier Angriffsschritte größer als die Clinchdistanz Abb. 119, S. 119).

Die beigelegte Tabelle 3 (S. 118) gibt einen Überblick über die Angemessenheit der einzelnen Typen der Angriffsdistanz für die Angriffe mit einzelnen Kombinationen. Die letzten vier Typen werden auch als Kampfdistanzen benutzt. Dabei ist anzumerken, daß die meisten Angriffe aus der kurzen und mittleren Kampfdistanz gestartet werden, während die große Kampfdistanz viel weniger, und die weite nur ausnahmsweise vorkommen. Die kleineren Angriffsdistanzen können nicht als Kampfdistanzen benutzt werden, obwohl sie sich aus der Kampfsituation heraus durch Zufall von selbst ergeben können. In der Regel wird aus der Nah- oder Clinchdistanz nach einem nicht ganz gelungenem Abschluß wieder gestartet.

Damit sind die Möglichkeiten der Variationen in der Einleitungsphase angedeutet, und wir befinden uns nun in der Ausführungsphase. Hier sollen die möglichen Modifikationen der Kombinationen während der Ausführungen von

Fuß- und Handangriffen erläutert werden. Die vier Formen der sechs Kombinationstypen werden zur Darstellung der folgenden Variationen von Angriffen benutzt:

◆ Fußangriffe
  • hoch (zum Kopf)
  • mittelhoch (zum Körper)
    – mit dem Spann
    – mit den Ballen
    – mit der Ferse
    – mit der Sohle
◆ Handangriffe
  • Fauststoß
    – voll ausgestreckt
      ··· zum Kopf
      ··· zum Körper
    – halb ausgestreckt
      ··· zum Kopf
      ··· zum Körper
  • Faustschlag (zum Kopf)
    – voll ausgestreckt
    – halb ausgestreckt
◆ Ableitungen (mit allen Variationen der Handangriffe)
  • Ona
  • Oni

Die Variation der Ausstreckung des Armes beim Handangriff ergibt sich daraus, ob der Gegner nach dem vorangehenden Fußangriff zurückweicht oder nicht.

Im folgenden (Abb. 120–167, S. 120–131) werden die Angriffsphasen der einzelnen Kombinationen, gruppiert nach Typen, bildlich dargestellt. Jede dargestellte Kombination ist hier als eine Möglichkeit gemeint, die in bezug auf Abwandlung der einzelnen Angriffe auch anders aussehen könnte, je nach Bedarf der jeweiligen Kampfsituation. Die Abschlüsse der einzelnen Kombinationen werden nicht extra gezeigt. Sie sind in Einzelheiten völlig vom Verhalten des Gegners abhängig. Ihre mögliche Abwandlung wird anhand einiger abgebildeter Beispiele verdeutlicht (Abb. 168–177, S. 133).

117

Distanz in Angriffsschritten	Distanz in Normalschritten	Angriffstyp	I				II				III				IV				V				VI			
		Kombination	1		2		3		4		5		6		7		8		9		10		11		12	
		Handangriff	A	B	A	B	A	B	A	⊡	A	B	A	B	A	B	A	B	A	B	A	B	A	B	A	B
		Fußangriff	R	L	L	R	R	L	L	R	R	L	L	R	R	L	L	R	R	L	L	R	R	L	L	R
	0	Clinchdistanz	d	d							d	n	n	d												
	0,5	Nahdistanz	f	f							f	v	v	f	d	n	n	d					d	n	n	d
	1	Kurzdistanz	d	a	a	d	d	n	n	d	a	s	s	a	f	v	v	f	d	n	n	d	f	v	v	f
1		Mitteldistanz	d	n	n	d	f	v	v	f					a	s	s	a	f	v	v	f	a	s	s	a
	2	Großdistanz	f	v	v	f	a	s	s	a									a	s	s	a				
2		Weitdistanz	a	s	s	a																				

Tabelle 3: Einleitung der Kombinationen in Abhängigkeit von der Kampfdistanz

Legende:

d – direkte Ausführung (keine distanzüberwindende Einleitung)

n – eingeleitet durch einen Ansprung

f – eingeleitet durch einen Ausfall

v – eingeleitet durch einen Voransprung

a – eingeleitet durch einen Aussprung

s – eingeleitet durch einen Schritt

_ – Ausführung der kurzen Variationen des Angriffstyps I

Der Angreifer steht in der linken Kampfstellung. Die Distanz wird im Vergleich mit der Clinchdistanz angegeben. Der Clinch fängt auf der Distanz des ausgestreckten, angreifenden Armes an, wobei die Impakt-Faust einen der vitalen Punkte des Gegners trifft. Die am häufigsten gebrauchten Kampfdistanzen sind die Kurz- und Mitteldistanz. Die Großdistanz wird seltener angewendet, während die Weitdistanz nur ausnahmsweise vorkommt. Die kürzeren Kampfdistanzen werden zwangsweise oft gebraucht, da sie sich nach jedem Vorwärtsmanöver – sei es als Vorbereitung oder als Angriff gedacht – von dem einen oder dem anderen der beiden Gegner während des Kampfgeschehens ergeben.

116
Kurze Kampfdistanz:
Sie ist um einen norma-
len Schritt größer als die
Clinchdistanz.

Abb. 116–119:
Kampfdistanzen

117
Mittlere Kampfdistanz:
Sie ist um einen Angriffs-
schritt größer als die
Clinchdistanz.

118
Große Kampfdistanz:
Sie ist um zwei normale
Schritte länger als die
Clinchdistanz.

119
Weite Kampfdistanz:
Sie ist um zwei Angriffs-
schritte größer als die
Clinchdistanz.

Abb.120–127: Angriffstyp I

Kombination 1A

120

121

Kombination 2A

122

123

zu Abb. 120: Der Angriffsschritt ist beinahe vollendet, wenn die Schutzhaltung des Gegners durch Oni (sukui-uchi) kontrolliert wird. Die rechte Hand ist im Begriff sich bereitzuspannen...

Zu Abb. 121: ...um im nächsten Augenblick, gleichzeitig mit der Landung des Fußes, unterhalb der mit Oni (sukui-uchi) abgeleiteten Hand zum Körper des Gegners einseitig ausgestoßen (oi-tsuki) zu werden. Der Abschluß folgt.

Zu Abb. 122: Während der Vollendung des Angriffsschrittes wird die Schutzhaltung durch Ona (sukui-soto) kontrolliert und zugleich spannt sich die rechte Hand bereit.

Zu Abb. 123: Es folgt die Landung des Fußes, das gleichzeitige Ableiten der Schutzhand des Gegners und der diagonale Fauststoß (gyaku-tsuki) zum Kopf. Da die Angriffsdistanz sehr groß ist, muß die Ferse des Abstoßfußes stark angehoben werden. So kann man den Gegner mit dem Fauststoß erreichen. Auch seine abgeleitete Hand wird, so weit es mittels der Kontrollhaltung möglich ist, während des Fauststoßes leicht nach vorne gezogen.

Kombination 1B

Kombination 2B

124

126

125

127

Zu Abb. 124: Die Schutzhaltung wird hier durch die A-Ona (sukui-soto) kontrolliert und die linke Hand zum Fauststoß bereitgespannt.

Zu Abb. 125: Zugleich mit der Landung des linken Fußes folgt der einseitige linke Fauststoß (oi-tsuki) zum Kopf über die mit A-Ona (sukui-soto) abgeleitete Schutzhand.

Zu Abb. 126: Während man den rechten Angriffsschritt ausführt, fängt man die Schutzhand des Gegners mit A-Ona (sukuisoto) ab; dabei spannt sich die linke Hand zum Angriff bereit...

Zu Abb. 127: ...und wird gleichzeitig mit der Landung des Fußes unterhalb der abgeleiteten Schutzhand zum Körper als diagonaler Fauststoß B2 (gyaku-tsuki) ausgestoßen.

Abb.128–135: Angriffstyp II

Kombination 3A   *Kombination 4A*

128   130

129   131

Zu Abb. 128: Der rechte, geradlinige Fuß-angriff 3 (gyaku-mae-geri) in die Bauch-partie; der Gegner weicht zurück...

Zu Abb. 129: ...um anschließend mit der rechten Faust, die über seine mit B-Oni (sukui-uchi) beseitigte Schutzhand einsei-tig ausgestoßen worden ist (oi-tsuki), am Kopf getroffen zu werden. Der Angreifer hat nach dem Kick den Angriffsfuß zu ei-nem langen Angriffsschritt abgesetzt, um den zurückweichenden Gegner mit dem Handangriff erreichen zu können.

Zu Abb. 130: Der linke, geradlinige Fuß-angriff 4 (oi-mae-geri), geführt mit der linken Hand. Der Gegner ist getroffen...

Zu Abb. 131: ...aber weicht nicht zurück. So erhält er zusätzlich einen, unterhalb der mit B-Oni (sukui-uchi) beseitigten Schutz-hand, ausgeführten diagonalen Fauststoß (gyaku-tsuki) zum Körper. Die Angriffs-stellung ist etwas kürzer; dies wird – da der Fauststoß mit ausgestrecktem Arm ausge-führt wird – mit der weniger angehobenen Ferse des Abstoßfußes kompensiert.

Kombination 3B

132

133

Kombination 4B

134

135

Zu Abb. 132: Scheinangriff mit Kick L3 (gyaku-mae-geri) zum Kopf; der Gegner befindet sich außerhalb der Wirkungsweite. Die Schutzhand wird durch die führende rechte Hand mit Ona (sukui-soto) abgefangen.

Zu Abb. 133: Der Gegner weicht nicht zurück. Die Distanz ist gerade richtig für den Fauststoß B1 (oi-tsuki), wobei die Schutzhand abgeleitet wird.

Zu Abb. 134: Der Gegner ist wieder außerhalb der Wirkungsweite, so kann der Kick R4 (oi-mae-geri) nur als Scheinangriff angewendet werden. Der Gegner weicht zurück...

Zu Abb. 135: ...um anschließend mit dem diagonalen Fauststoß B2 (gyaku-tsuki) doch getroffen zu werden, wobei seine Schutzhand abgeleitet wird. Logischerweise ergibt sich für den Handangriff eine große Angriffsdistanz, und dementsprechend muß die Ferse des Abstoßfußes stark angehoben werden.

Abb.136–143: Angriffstyp III

Kombination 5A   *Kombination 6B*

136   138

137   139

Zu Abb. 136: Der Fegeangriff R5 (ashi-barai) auf das vordere Bein des Gegners, um sein Gleichgewicht zu brechen, wobei seine Schutzhand mit B-Ona (sukui-soto) kontrolliert wird. Der Gegner hat jedoch rechtzeitig sein Körpergewicht etwas mehr auf das hintere Bein verlagert. So wird er nicht gefällt, sondern nur aus seiner Stellung weggedreht.

Zu Abb. 137: Dadurch ist seine linke Außenseite ungeschützt geworden; man verfolgt ihn (Anpassung des Angriffswinkels!) mit dem einseitigen Fauststoß oder Faustschlag A1 (oi-tsuki bzw. oi-tetsui) zum Kopf, wobei seine linke Hand kontrolliert wird.

Zu Abb. 138: Nachdem die Schutzhand des Gegners mit B-Ona (sukui-soto) abgeleitet worden ist, ist die rechte, den Angriff führende Hand bis auf die rechte Brust bzw. Schulter des Gegners durchgedrungen: Anschließend wird seine rechte Schulterpartie kreisförmig nach unten gedrückt und gleichzeitig sein linkes Bein mit R6 weggehakt (ko-soto-bari).

Zu Abb. 139: Der Gegner ist gefallen. Es folgt der diagonale Fauststoß B2 (gyaku-tsuki), wobei eine entsprechende Anpassung des Angriffswinkels und der Oberkörperhaltung sowie eine Kontrolle der Schutzhand des Gegners mit Oni (sukui-uchi) notwendig ist.

Das Fegen und das Haken des gegnerischen Beines von der Innenseite, die in den Kombinationen 5B und 6A vorkommen, sind ungünstig, da man mitfallen oder das Schienbein des Gegners verletzen kann. So werden hier – statt 5B und 6A – die Varianten der 5A und 6B Kombination gezeigt, wo beide Beine angegriffen werden.

140

142

141

143

Zu Abb. 140: Nach der Einleitung befindet man sich nicht vor, sondern neben dem vorderen Fuß des Gegners. Nun fegt man beide Beine, indem man auf das hintere Bein zielt. die führende linke Hand ist über die Schutzhand bis auf die Schulter des Gegners durchgedrungen und hilft dem Angriff mit dem dem Fegen entgegengesetzten Druck.

Zu Abb. 141: Der Gegner ist auf dem Boden. Man ist ihm mit Faustangriff A1 (oi-tsuki) gefolgt, wobei die Oberkörperhaltung und der Angriffswinkel entsprechend angepaßt worden sind, und die Schutzhand des Gegners mit der B-Ona (sukui-soto) abgefangen worden ist.

Zu Abb. 142: Bei den gleichen einleitenden Bewegungen der Hände wie in Abb. 138 werden nun beide Beine durch den Angriff auf das hintere Bein weggehakt oder weggefegt. Die führende rechte Hand hilft dabei mit dem entgegengesetzten Druck auf die rechte Schulter des Gegners.

Zu Abb. 143: Man folgt dem Gegner mit dem Faustangriff B2 (gyaku-tsuki) auf den Boden, so wie in der Abb. 139.

Abb.144–151: Angriffstyp IV

Kombination 7A   *Kombination 8A*

144   146

145   147

Zu Abb. 144: Der kreisförmige Kick R7 (gyaku-mawashi-geri) mit dem Spann in den Rippenbereich. Der Gegner wollte entkommen, ist aber erwischt worden. Seine Schutzhand ist dabei mit B-Ona (sukui-soto) abgefangen und kontrolliert worden.

Zu Abb. 145: Es folgt ein Faustschlag (oi-tsuki) zum Kopf mit halb ausgestrecktem Arm.

Zu Abb. 146: Der einseitige, kreisförmige Kick L8 (oi-mawashi-geri) mit dem Spann zum Kopf. Der Gegner zuckt mit dem Kopf zur Seite, aber weicht nicht zurück.

Zu Abb. 147: Es folgt die Ableitung seiner Schutzhand mit B-Oni (sukui-uchi) und gleichzeitig ein diagonaler Fauststoß A2 (gyaku-tsuki) mit dem wegen der kurzen Angriffsdistanz nur teilweise ausgestreckten Arm zum Körper. Während des Fauststoßes weicht der Gegner etwas zurück.

Kombination 7B | Kombination 8B

148 | 150

149 | 151

Zu Abb. 148: Der diagonale, kreisförmige Kick L7 (gyaku-mawashi-geri) mit dem Spann zum Kopf. Die Schutzhand wird mit A-Ona (sukui-soto) abgefangen. Der Gegner weicht nicht zurück

Zu Abb. 149: Es folgt die Ableitung seiner Schutzhand und gleichzeitig ein kurzer einseitiger Fauststoß (oi-tsuki) mit halb ausgestrecktem Arm zum Körper

Zu Abb. 150: Der einseitige, kreisförmige Kick R8 (oi-mawashi-geri) mit dem Ballen in die Rippen. Die führende rechte Hand hat mit Oni (sukui-uchi) die Schutzhand abgefangen. Der Gegner hat sich etwas zurückgezogen, indem er das Körpergewicht etwas mehr auf das hintere Bein verlagert hat.

Zu Abb. 151: Damit ergibt sich die Angriffsdistanz für einen normalen Fauststoß B2 (gyaku-tsuki), wobei die Schutzhand mit A-Oni (sukui-ucji) abgeleitet und unter Kontrolle gehalten wird.

Abb.152–159: Angriffstyp V

Kombination 9A

152

153

Kombination 10A

154

155

Zu Abb. 152: Nach einer einleitenden Umdrehung erfolgt der rückwärtige, gerade Kick R9 (ushiro-geri) mit der Ferse zum Körper.

Zu Abb. 153: Nach dem Höhepunkt des Kicks, während des Zurückschnappens des Angriffsbeines, hat die linke Hand die weitere Umdrehung geführt, bis sie die Schutzhand mit Oni (sukui-uchi) abgefangen hat. Da der Gegner zurückgewichen ist, hat sich eine ausreichende Angriffsdistanz für den einseitigen Fauststoß A1 (oi-tsuki) ergeben.

Zu Abb. 154: Nach einem rückwärtigen Schritt oder aber nach der Gegenumdrehung (die Einleitung ist hier ja nicht gezeigt) erfolgt der rückwärtige, gerade Kick L10 (ushiro-yoko-geri) mit der Ferse oder Fußkante zum Körper. Dabei hat die führende linke Hand schon die Schutzhaltung des Gegners mit Ona (sukui-soto) abgefangen.

Zu Abb. 155: Während des Zurückschnappens des linken Fußes und der Eindrehung des Körpers wird die rechte Hand zum Angriff bereitgespannt und unterhalb der nun durch Oni (sukui-uchi) kontrollierten Schutzhand ausgestoßen.

Kombination 9B

156

Kombination 10B

158

157

159

Zu Abb. 156: Der rückwärtige, gerade Kick L9 (ushiro geri) mit der Ferse zum Kopf.

Zu Abb. 157: Während des Zurückschnappens des Angriffsfußes hat die rechte Hand die weitere Umdrehung geführt, bis sie die Schutzhand des Gegners mit Oni (sukui-uchi) unter Kontrolle bekommen hat. Da der Gegner zurückgerutscht ist, hat sich eine ausreichende Angriffsdistanz für den Fauststoß B1 (oi-tsuki) über die kontrollierte Schutzhand zum Kopf ergeben.

Zu Abb. 158: Der rückwärtige, gerade Kick R10 (yoko-ushiro-geri) mit der Ferse zum Kopf. Da der Gegner dabei mit seinen Oberkörper etwas zurückgezuckt ist, ist daraus ein Scheinangriff geworden.

Zu Abb. 159: Während des Zurückschnappens des Angriffsfußes und der Umdrehung des Körpers in die Richtung des Angriffes hat die führende rechte Hand die Schutzhand des Gegners mit Ona (sukui-soto) abgeleitet. Dabei ist der Gegner etwas zurückgerutscht; gleichzeitig ist er mit dem Fauststoß B2 (gyaku-tsuki) auf einer normalen Angriffsdistanz angegriffen worden.

Abb.160–167: Angriffstyp VI

Kombination 11A   Kombinatuon 12A

160   162

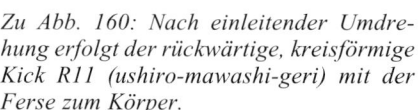

161   163

Zu Abb. 160: Nach einleitender Umdrehung erfolgt der rückwärtige, kreisförmige Kick R11 (ushiro-mawashi-geri) mit der Ferse zum Körper.

Zu Abb. 161: Während des Zurückschnappens des Angriffsfußes hat die linke Hand die weitere Umdrehung geführt, bis sie die Schutzhand des Gegners mit Oni (sukui-uchi) unter Kontrolle bekommen hat. Anschließend erfolgt der Fauststoß A1 (oitsuki) über die kontrollierte Hand zum Kopf. Die Angriffsdistanz ist normal, da der Gegner nach dem Kick teilweise zurückgerutscht ist.

Zu Abb. 162: Nach einem einleitenden rückwärtigen Schritt oder nach einer Gegenumdrehung erfolgt nun der rückwärtige, kreisförmige Kick L12 (ura-mawashi-geri) mit der Ferse oder Sohle zum Kopf. Die führende linke Hand hat dabei die Schutzhand des Gegners durch Ona (sukui-soto) unter Kontrolle.

Zu Abb. 163: Nach dem Zurückschnappen des Angriffsfußes erfolgt der Fauststoß A2 (gyaku-tsuki) in etwas kürzerer Angriffsstellung, da der Gegener nur sehr wenig zurückgewichen ist.

Kombination 11B

Kombination 12B

164

166

165

167

Zu Abb. 164: Der rückwärtige, kreisförmige Kick L11 (ushiro-mawashi-geri) mit der Sohle zum Kopf.

Zu Abb. 165: Die weitere Umdrehung während des Zurückschnappens des Angriffsfußes ist von der rechten Hand geführt worden, bis sie die Schutzhand des Gegners mit Oni (sukui-uchi) ableiten konnte. Gleichzeitig damit, und während der Gegner etwas zurückgerutscht ist, hat er auch einen Fauststoß B1 (oi-tsuki), ausgeführt in normaler Angriffsstellung, zum Körper erhalten.

Zu Abb. 166: Der rückwärtige, kreisförmige Kick R12 (ura-mawashi-geri) mit der Ferse zum Körper. Die führende rechte Hand hat nach dem Ona-Abfangen (sukui-soto) die Schutzhaltung des Gegners unter Kontrolle.

Zu Abb. 167: Nach dem Zurückschnappen des Angriffsfußes folgt die Eindrehung der linken Körperseite mit einem kurzen Faust-stoß B2 (gyaku-tsuki) mit halb ausgestrecktem Arm, wobei die kontrollierte Schutzhand abgeleitet wird, der Abschluß folgt.

Variationen der Gegenangriffe

Von einem Gegenangriff sprechen wir, wenn wir den Gegner während seines Angriffes auf uns angreifen. Da der Gegner durch seinen Angriff selbst zu uns kommt, ist keine distanzüberbrückende Einleitungsaktion – wie beim Fangangriff – notwendig.

Ein Gegenangriff kann in grundsätzlich drei taktischen Variationen ausgeführt werden:

♦ direktes Kontern entlang der Kampfachse, d.h. entlang der Richtung des Angriffes;

♦ seitliches Kontern nach einem Ausweichen links oder rechts neben die Kampfachse;

♦ Kontern nach rückwärtigem Ausweichen.

Die dritte Möglichkeit interessiert uns hier wenig, da sie relativ risikoreich ist; durch Zurückweichen kann man zwar gut dem ersten Angriff entgehen, jedoch hat man nachher Schwierigkeiten, aus der rückwärtigen Bewegung den eigenen Angriff zu starten. Ein mit Serien angreifender Gegner kann unseren Rückzug leicht mit aufeinanderfolgenden Angriffen ausnutzen. Das Geringste, was uns dabei zustoßen kann, ist der Verlust der Initiative bzw. der Gleichwertigkeit in bezug auf die aktive Führung des Kampfes. Grundsätzlich soll man nur dann zurückweichen, wenn man überhaupt nichts anderes machen kann.

Die ersten zwei Varianten sind dagegen sehr brauchbar, und im folgenden werden wir sie näher betrachten.

Direktes Kontern

Für die Anwendung des direkten Konterns ist es notwendig, daß man sich im Augenblick des Startens auf der Ausführungsdistanz zum angreifenden Gegner für die betreffende Art des Gegenangriffes befindet. Direktes Kontern zielt nämlich auf den ZVSB beim Gegner während der technischen Einleitung, d.h. zwischen dem Starten und der Ausführung seines Angriffes.

Mit direktem Kontern stoppt man – wörtlich – den Angreifer in seiner Fortbewegung (vgl. Abb. 179–180, S. 135). Dafür eignen sich besonders die Angriffstypen I, II und V. Der Verlauf der Gegenangriffe des Typs II und V ist der gleiche wie beim Fangangriff, mit dem einzigen Unterschied, daß jetzt der Gegner auf uns zukommt und sich somit eine distanzüberbrückende Einleitung erübrigt. Der Angriffstyp I wird dagegen in einigen besonderen Variationen angewendet,

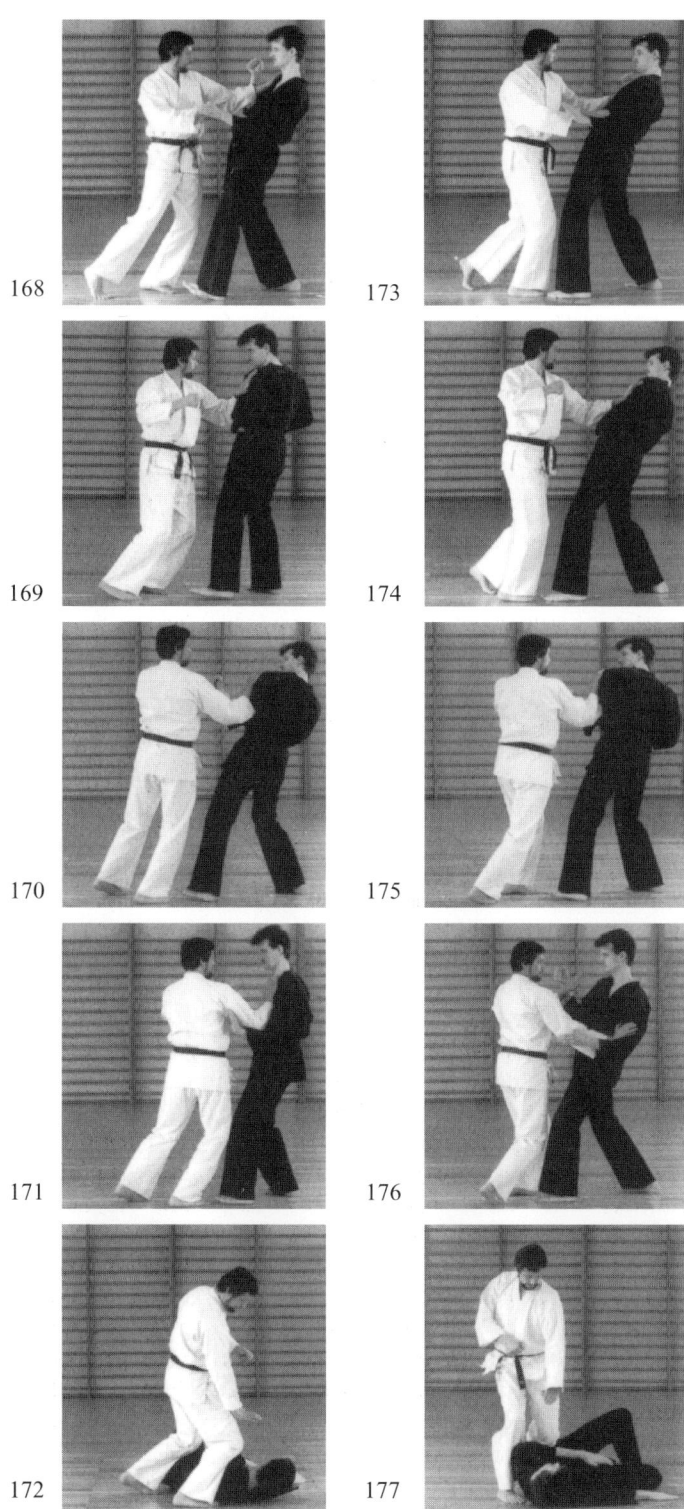

Abb.168–177:
Beispiele
der Abschlüsse

168

169

170

171

172

173

174

175

176

177

die in Abb. 179–184 (S. 135) dargestellt sind, und zwar am Beispiel eines mit A1 angreifenden Gegners.

Die kurzen Variationen der Kombinationen 2A und 1B, gestartet aus der linken Stellung, sind die schnellsten Kampfkombinationen, die es gibt, und insofern sehr geeignet für direktes Kontern. Man greift nur mittels Ver- bzw. Entwringung des Körpers und mit Gewichtsverlagerung nach vorne an. Dabei ergibt sich ein Ausfall, der aber hier nicht als Einleitung, sondern als der abschließende Teil eines nicht ausgeführten Schrittes angewendet wird. Falls man mit dem direkten Kontern zu spät startet, d.h. erst nachdem die Ausführung des Angriffes schon in Gang gesetzt worden ist, muß dieser Angriff während des Konterns abgeleitet werden. In solchen Fällen kommt es normalerweise zu keinem Ausfall nach vorne, da der Gegner ausreichend nah kommt (Abb. 181–184, S. 135).

Seitliches Kontern

Das Kontern nach einem seitlichen Ausweichen ist taktisch wirkungsvoller als das frontale Kontern: es kommt aus einer für den Gegner unerwarteten Richtung, unter einem taktischen Winkel, während sein eigener Angriff ins Leere ausläuft.

Grundsätzlich kann man jedes seitwärtige Ausweichen als einen Positions-wechsel mit oder ohne Stellungsänderung durchführen. Das wäre dann ein Vorbereitungsmanöver mit zwei Fußversetzungen, der jedoch zum Zwecke des anschließenden Konterns normaleweise zu langsam wäre. Um für das Kontern schnell genug zu sein, versucht man, das Ausweichen links oder rechts von der Kampfachse mit nur einer Fußversetzung durchzuführen. Das ist dann eigentlich ein Ausfall oder ein Ansprung – jedoch seitwärts und in meisten Fällen zugleich etwas mehr oder weniger zurück – und stellt die taktische Einleitung des anschließenden Konterns dar. Solche seitwärtige Einleitung beeinflußt mehr oder weniger wesentlich, je nach der Art der darauffolgenden Kombination, die technische Einleitung des ersten Angriffes, d.h. des Fußangriffes. Nicht alle Fußangriffe sind nach einer seitwärtigen Einleitung mit einer Fußversetzung gleich flüssig durchführbar. Einige verlieren soviel an der Flüssigkeit des Ablaufes, daß sie in bewegungstechnischer Sicht doch besser mit zwei Fußversetzungen einzuleiten sind, falls dies taktisch annehmbar ist. Dabei gibt es natürlich individuelle Unterschiede gemäß der motorischen Veranlagung und der persön-lichen Vorliebe für einzelne Arten des seitlichen Konterns.

Die beigelegte Tabelle 4 (S. 137) bietet einen Überblick über die Anwendbar-keit der einzelnen Kombinationen im Kontern, bei Einleitung durch eine Fuß-

Zu Abb. 179–180: Kontern mit 2A (gyaku-tsuki) und 1B (oi-tsuki) mit Ausfall. Der Start zum Kontern erfolgt praktisch gleichzeitig mit dem Start des Angreifers. Das ist nur möglich, wenn man die Absichten des Angreifers rechtzeitig erkannt hat. Bei diesem Kontern erwischt man den Gegner gerade im Zeitpunkt, wenn er nach dem Start sein ganzes Gleichgewicht auf das vordere Bein verlagert, aber seinen Fuß oder – so wie hier – seine Hand noch nicht zum Angriff ausgestoßen hat. Mit dem Kontern im Ausfall stoppt man den Angreifer in seiner Fortbewegung, bevor er seinen Angriff tatsächlich ausführen kann. Während des Konterns befindet sich die freie Hand in der Schutzhaltung, falls nicht alles läuft wie erwartet. Würde statt eines Handangriffs ein Fußangriff seitens des Gegners erwartet, wäre die schützende Hand zum gestarteten Bein gerichtet.

179   180

181   182

Abb.179–184:
Direktes Kontern mit Angriffstyp I

183   184

Zu Abb. 181–184: Kontern 2A (gyaku-tsuki) und 1B (oi-tsuki) mit Ableiten. Wenn man die Absichten des Angreifers zu spät erkannt hat, um ihm mit einem Ausfall zuvorzukommen, kann man doch noch direkt kontern, während man den Angriff ableitet. Hier wird die Ableitung Ona (sukui-age-soto; Abb. 181, 184) und Oni (sukui-age-uchi; Abb. 182, 183) gleichzeitig mit dem Kontern 1B (oi-tsuki, Abb. 182, 184) und 2A (gyaku-tsuki; sl.181, 183) gezeigt. Greift der Gegner statt zum Kopf zum Körper an – mit der Hand oder dem Fuß müßte man während des Konterns mit Una (sukui-otoshi-soto) bzw. Uni (sukui-otoshi-uchi) ableiten.

versetzung links oder rechts von der Kampfachse. Der Überblick soll nur eine allgemeine Orientierung in bezug auf die Durchschnittswerte darbieten.

Anschließend werden die Hauptphasen der Einleitung – Varianten mit einer und zwei Fußversetzungen – und der Ausführung der Fußangriffe (der einzelnen Kombinationen) im seitlichen Kontern dargestellt. Die Handangriffe werden nur bei Variationen von Kombinationen des Typs I gezeigt. Sonst werden die Handangriffe und Abschlüsse der Kombinationen als ausreichend bekannt hingenommen.

Ein seitliches Kontern wird gelingen, wenn folgende Bedingungen erfüllt sind:
♦ Der Gegner greift aus mindestens mittlerer Angriffsdistanz an, und er macht vor dem Angriff einen einleitenden Ausfall, Voransprung, Aussprung oder Schritt; so hat man Zeit zum Ausweichen.
♦ Man hat die Absichten des Gegners rechtzeitig erkannt und man startet rechtzeitig, d.h.:
   • nicht so früh, daß der Gegner die Richtung seines Angriffes entsprechend dem Ausweichen anpassen kann; falls er das tut, sind wir in der Situation des direktes Konterns;
   • nicht so spät, daß man den Angriff erst ableiten muß; dies ist dann wieder eine Situation für direktes Kontern.
♦ Der Gegner hat unsere Kampfbereitschaft falsch eingeschätzt: Er glaubt, wir befinden uns in einem ZVSB und demzufolge erwartet er kein Kontern;
♦ Man kontert mit einer dem Angriff angemessenen Kombination.

Wie diese Bedingungen erfüllt werden können, wird im Rahmen dieses Buches nicht weiter bearbeitet. Jede Art von Angriff kann man mit einigen Kombinationen besser kontern als mit anderen, und mit einigen überhaupt nicht. Um das darzustellen, bedarf es einer umfangreicheren Behandlung, die hier nicht geleistet werden kann.

Hier wird nur die taktische Abwandlung der grundlegenden Kombinationen im bewegungstechnischen Sinne systematisch dargestellt, ohne dabei auch die zeitliche, physiologische und andere situationsbestimmende taktische Komponenten zu typologisieren. Zu diesem Zweck werden die Bewegungsabläufe in taktischen Situationen analysiert, die während des seitlichen Konterns entstehen, wenn der Gegner mit dem am meisten angewendeten Angriff A1 (einseitiger Fauststoß) zum Kopf angreift. Auf diesen Angriff kann man mit jeder Kombination kontern und so kann man einen Überblick über die Variationen der grundlegenden Kombinationen beim seitlichen Kontern erhalten.

Anschließend werden in den Abbildungen 185–260 (S. 138–145) die Hauptphasen der Einleitung – Varianten mit einer oder zwei Fußversetzungen – und der Ausführung der Fußangriffe (der einzelnen Kombinationen) im seitlichen Kontern dargestellt. Die Handangriffe werden nur bei Variationen von Kombinationen des Typs I gezeigt. Sonst werden die Handangriffe und Abschlüsse der Kombinationen schon als ausreichend bekannt hingenommen.

Tabelle 4: Grundlegende Kombinationen im seitlichen Kontern:
Anwendbarkeit der Eine-Fußversetzung-Variationen

Angriffstyp		I				II				III				IV				V				VI			
Kombination	Einseitig	1				3				5				7				9				11			
	Diagonal			2				4				6				8				10				12	
	Handangriff	A	B	A	B	A	B	A	B	A	B	A	B	A	B	A	B	A	B	A	B	A	B	A	B
	Fußangriff	R	L	L	R	R	L	L	R	R	L	L	R	R	L	L	R	R	L	L	R	R	L	L	R
Ausweichen	links	+	+	+	+	+	0	0	+	X	0	0	X	+	?	?	+	?	0	+	+	?	0	+	+
	rechts	+	+	+	+	+	?	?	+	+	X	X	+	+	?	?	+	+	0	+	?	+	0	+	?

Legende:

+   –   *günstig (schneller als die 2-VF-Variation)*

?   –   *bedingt günstig (je nach der Situation und motorischen Veranlagung des Kämpfers günstiger als die oder gleichwertig der 2-FV-Variation)*

0   –   *ungünstig (technisch zwar noch möglich, aber für die meisten Kämpfer und Situationen ist die 2-FV-Variation günstiger)*

X   –   *zwecklos (taktisch unbrauchbar, obzwar technisch möglich)*

Das Kontern wird aus der linken Kampfstellung gestartet.

137

189   190   191   192   193

Abb. 185–193:
Angriff mit dem rechten Fuß
– einseitige Kombinationen –
nach dem Ausweichen links

185

187   186   188

Zu Abb. 185:
1-FV-Einleitung:
Ausweichen links von der Kampfachse mit dem linken Fuß, normalerweise sprungartig ausgeführt, auf eine dem darauffolgenden Angriff angemessene Abstoßposition, wobei der Angriff mit dem rechten Fuß schon gestartet wird: bedingt günstig für R9 und R11, zwecklos für R5.

Zu Abb. 186–188: 2-FV-Einleitung:
Ausweichen links von der Kampfachse zuerst mit dem rechten Fuß (Abb. 186); aus der neuen Position wird der Angriff gestartet. Dabei wird der linke Fuß auf eine jeweils der Art des Angriffes entsprechende Abstoßposition gestellt: auf der Abb. 187 leitet man beispielsweise einen von den vorwärtigen Angriffen ein, während die Abb. 188 die Einleitung für einen der rückwärtigen Angriffe zeigt.

Zu Abb. 194:
1-FV-Einleitung:
Der rechte Fuß wird
zum Angriff gestartet,
während man mit dem
linken Fuß auf eine für
den betreffenden An-
griff angemessene Ab-
stoßposition links von
der Kampfachse aus-
fällt: zwecklos für R6.

Zu Abb. 195–197: 2-FV-Einleitung:
Zuerst wird der rechte Fuß auf die neue Startposition links von
der Kampfachse versetzt (Abb. 195) und gleich zum Angriff
gestartet, während der linke Fuß auf eine neue, dem jeweiligen
Angriff angemessene Abstoßposition sprungartig gestellt wird:
Auf der Abb. 196 leitet man einen der vorwärtigen Angriffe ein,
während man auf der Abb. 197 die Einleitung für einen der
rückwärtigen Angriffe zeigt.

196   195   197

194

Abb. 194–202:
Angriff mit dem rechtem Fuß
–diagonale Kombinationen –
nach einem Ausweichen links

198   199   200   201   202

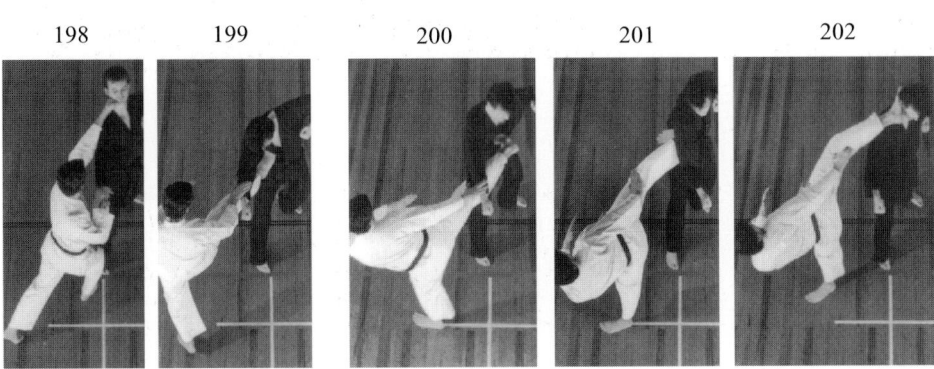

139

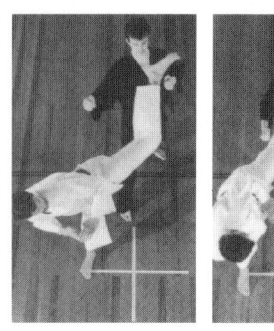

| 212 | 211 | 210 | 209 | 208 | 207 |

Abb. 203–213:
Angriff mit dem linken Fuß
– einseitige Kombinationen –
nach einem Ausweichen links

203

| 205 | 204 | 206 |

Zu Abb. 204–206: 2-FV-Einleitung:
Man versetzt zuerst den linken Fuß auf die neue Start-
position links von der Kampfachse und etwas zurück (Abb.
204). Anschließend startet man zum Angriff, während der
linke Fuß auf eine geeignete Abstoßposition sprungartig
gestellt wird, so wie auf der Abb. 205 für einen der
vorwärtigen Angriffe, bzw. auf der Abb. 206 für einen der
rückwärtigen Angriffe.

Zu Abb. 203:
1-FV-Einleitung:
Der rechte Fuß wird
sprungartig auf eine neue,
dem jeweiligen Angriff
entsprechende Abstoß-
position links von der
Kampfachse versetzt,
während gleichzeitig der
linke vordere Fuß zum An-
griff gestartet wird: be-
dingt günstig für L7, un-
günstig für L3 und L5
sowie für die Angriffe mit
Umdrehung R9 und R11.

Zu Abb. 214–216: 2-FV-Einleitung:
Zuerst wird der linke Fuß links von der Kampfachse
und etwas zurück auf die neue Startposition gestellt
(Abb. 214), während der rechte Fuß auf eine jeweils
dem darauffolgenden Angriff entsprechende Ab-
stoßposition versetzt wird, wie auf der Abb. 215 für
einen der vorwärtigen Angriffe, und auf der Abb.
216 für einen der rückwärtigen Angriffe.

Zu Abb. 213:
1-FV-Einleitung:
Der rechte Fuß wird auf
die neue Abstoßposition
links von der Kampf-
achse gestellt, während
der linke Fuß zum An-
griff startet; ungünstig
für L4 und L6, bedingt
günstig für L8.

213

215   214   216

Abb. 213–222:
Angriff mit dem linken Fuß
– diagonale Kombinationen –
nach einem Ausweichen links

222   221   220   219   218   217

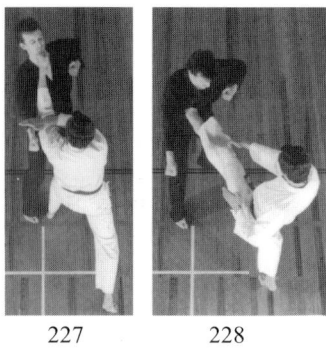

227   228

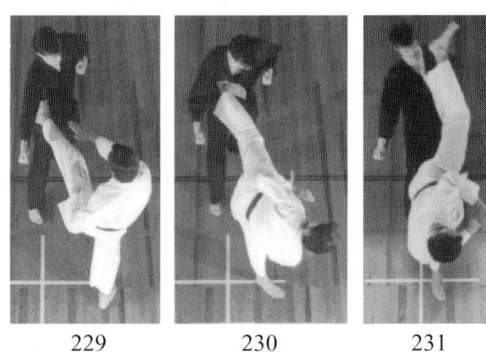

229   230   231

Abb. 223–231:
Angriff mit dem linken Fuß
– einseitige Kombinationen –
nach einem Ausweichen rechts

223

Zu Abb. 223:
1-FV-Einleitung:
Der rechte Fuß wird rechts von der Kampfachse auf eine, dem jeweiligen Angriff entsprechende Abstoßposition versetzt, und gleichzeitig startet der linke Fuß zum Angriff: bedingt günstig für L3 und L7, ungünstig für L9 und L11, zwecklos für L5.

225   224   226

Zu Abb. 224–226: 2-FV-Einleitung:
Zuerst wird der linke Fuß rechts von der Kampfachse und etwas zurück sprungartig auf die neue Startposition versetzt (Abb. 224) und zum Angriff gestartet; anschließend stellt man den rechten Fuß auf eine dem jeweiligen Angriff angemessene Abstoßposition, wie in der Abb. 225 für einen der vorwärtigen Angriffe, und auf der Abb. 226 für die rückwärtigen Angriffe.

Zu Abb. 232:
1-FV-Einleitung:
Der linke Fuß startet
zum Angriff, während
der rechte Fuß auf eine
dem jeweiligen Angriff
entsprechende Abstoß-
position rechts von der
Kampfachse versetzt
wird: bedingt günstig
L4 und L8, zwecklos
für L6.

Zu Abb. 233–235: 2-FV-Einleitung:
Zuerst wird der linke Fuß auf die neue Startposition rechts
neben der Kampfachse gestellt (Abb. 234) und gleich ge-
startet; dabei wird der rechte Fuß auf eine dem jeweiligen
Angriff angemessene Abstoßposition versetzt, wie auf der
Abb. 234 für einen der vorwärtigen Angriffe, und auf der
Abb. 235 für einen der rückwärtigen Angriffe.

234   233   235

232

Abb. 232–240:
Angriff mit dem linken Fuß
– diagonale Kombinationen –
nach einem Ausweichen rechts

236   237   238   239   240

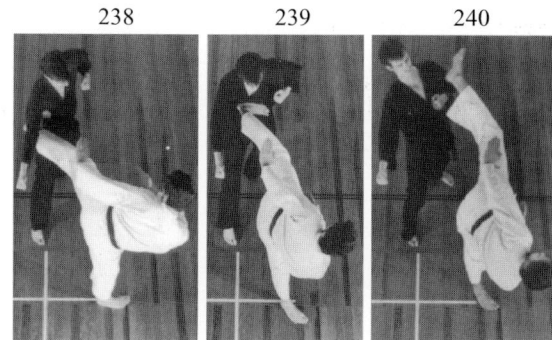

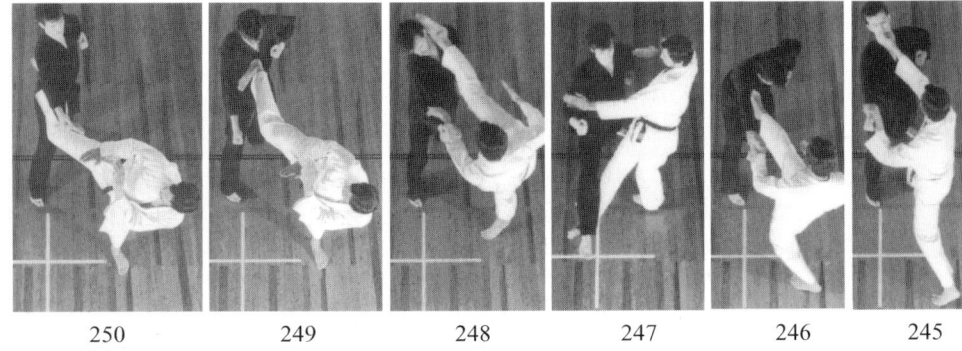

| 250 | 249 | 248 | 247 | 246 | 245 |

Abb. 241–250:
Angriff mit dem rechten Fuß
– einseitige Kombinationen –
nach einem Ausweichen rechts

| 244 | 242 | 243 |

Zu Abb. 242–244: 2-FV-Einleitung:
Zuerst wird der rechte Fuß auf die neue Startposition
rechts von der Kampfachse versetzt (Abb. 242) und
sofort gestartet; dabei wird der linke Fuß auf eine
neue, jeweils dem darauffolgenden Angriff entspre-
chende Abstoßposition gestellt, wie auf der Abb. 243
für eine der vorwärtigen Angriffe, und auf der Abb.
244 für einen der rückwärtigen Angriffe.

241

Zu Abb. 241:
1-FV-Einleitung:
Der rechte Fuß startet
den Angriff, während
der linke Fuß auf eine
neue, dem jeweiligen
Angriff entsprechende
Abstoßposition rechts
von der Kampfachse
versetzt wird.

Zu Abb. 252–254: 2-FV-Einleitung:
Der rechte Fuß wird zuerst auf die neue Start-
position rechts von der Kampfachse gestellt (Abb.
252) und sofort danach zum Angriff gestartet; dabei
wird der linke Fuß auf eine neue, jeweils dem darauf-
folgenden Angriff angepaßte Abstoßposition gestellt,
wie auf der Abb. 253 für einen der vorwärtigen
Angriffe, und auf der Abb. 254 für einen der rück-
wärtigen Angriffe.

Zu Abb. 251:
1-FV-Einleitung:
Der rechte Fuß startet
den Angriff, während
der linke Fuß rechts von
der Kampfachse auf
eine neue, jeweils dem
darauffolgenden An-
griff entsprechende Ab-
stoßposition versetzt
wird: bedingt günstig
für R10 und R12.

254   252   253

251

Abb. 251–260:
Angriff mit dem rechten Fuß
–diagonale Kombinationen –
nach einem Ausweichen rechts

260   259   258   257   256   255

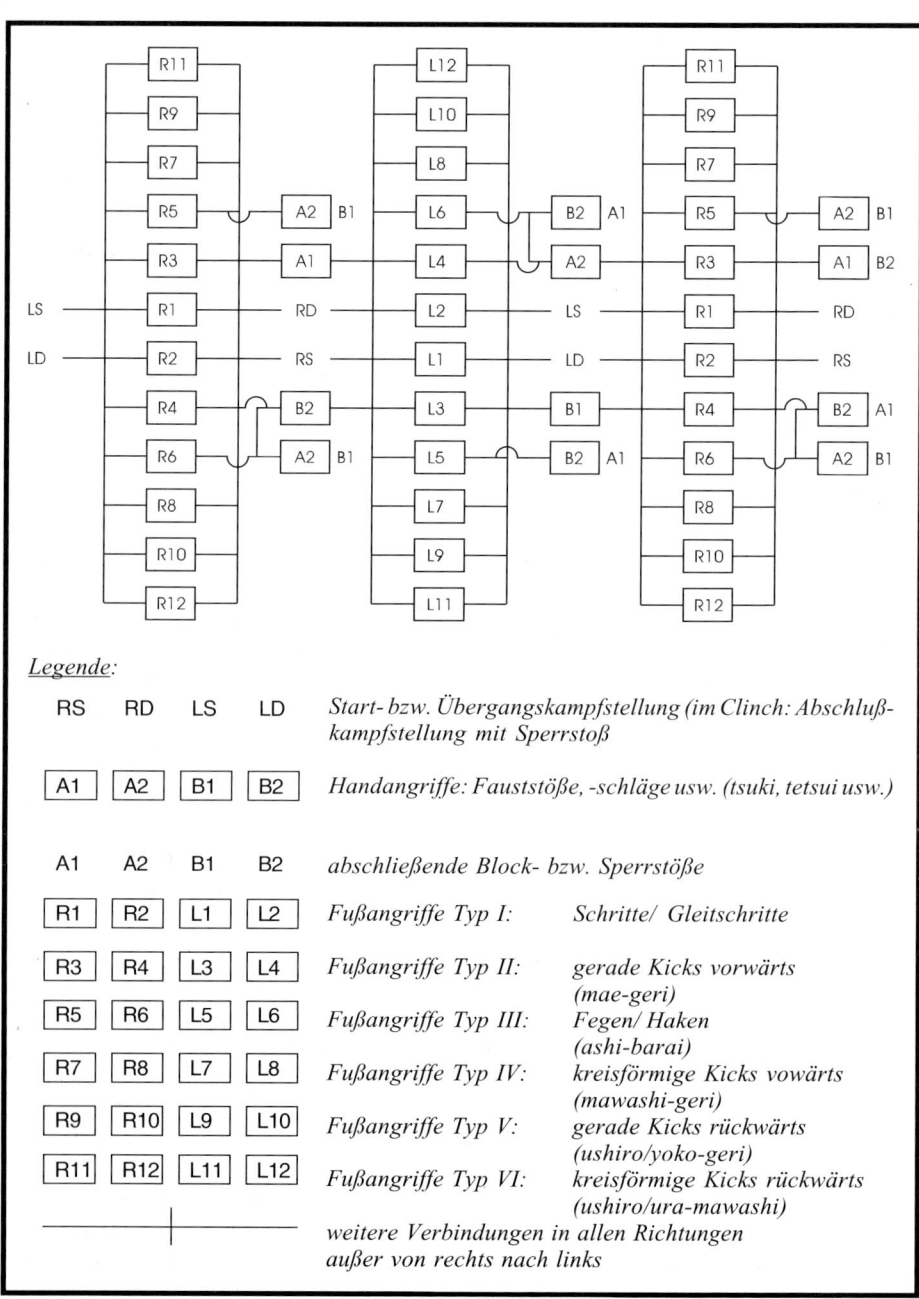

Legende:

RS   RD   LS   LD   *Start- bzw. Übergangskampfstellung (im Clinch: Abschluß-*
kampfstellung mit Sperrstoß

A1   A2   B1   B2   *Handangriffe: Fauststöße, -schläge usw. (tsuki, tetsui usw.)*

A1   A2   B1   B2   *abschließende Block- bzw. Sperrstöße*

R1	R2	L1	L2	*Fußangriffe Typ I:*	*Schritte/ Gleitschritte*
R3	R4	L3	L4	*Fußangriffe Typ II:*	*gerade Kicks vorwärts (mae-geri)*
R5	R6	L5	L6	*Fußangriffe Typ III:*	*Fegen/ Haken (ashi-barai)*
R7	R8	L7	L8	*Fußangriffe Typ IV:*	*kreisförmige Kicks vowärts (mawashi-geri)*
R9	R10	L9	L10	*Fußangriffe Typ V:*	*gerade Kicks rückwärts (ushiro/yoko-geri)*
R11	R12	L11	L12	*Fußangriffe Typ VI:*	*kreisförmige Kicks rückwärts (ushiro/ura-mawashi)*

weitere Verbindungen in allen Richtungen
außer von rechts nach links

Abb. 261: Modell für Serienbildung

FREIE KAMPFVARIATIONEN

Erst auf der Stufe der freien Zusammensetzung der Kampfkombinationen spiegelt sich wider, inwieweit ein Kämpfer das Kampfsystem beherrscht. Neben den bisher vorgestellten zahlreichen Möglichkeiten zum Abwandeln der grundlegenden Kampfkombinationen bieten sich durch Serienbildung noch weitere Möglichkeiten zur Erhöhung der Kampfbereitschaft jedes einzelnen Sportkämpfers an.

Serien

So wie die grundlegenden Kombinationen bewegungsgemäß zusammengesetzt sind, könnte man theoretisch auch jede von ihnen mit jedem Einzelangriff, mit einzelnen Einleitungsaktionen oder mit jeder anderen Kombination weiter verbinden. Jedoch soll man dabei auch taktische Überlegungen berücksichtigen.

So ist es z.b. sehr selten taktisch sinnvoll, die Kombination 6 *(ko-soto-gari)*, die grundsätzlich eine Nahkampf-Kombination ist, mit weiteren Angriffen zu verbinden. Nur falls uns ausnahmsweise der Gegner aus der Nahdistanz, während wir ihn mit Kombination 6 angreifen, entkommt, können wir ihn auch mit weiteren Angriffen verfolgen, was jedoch auch als eine neue Serie betrachtet werden kann. Eine weitere Ausnahme ist der Angriff 9 *(ushiro-geri)* oder auch 11 *(mawashi-ushiro-geri)*. Beide sind unmittelbar nach einem Handangriff ungünstig. Auch bei anderen Zusammensetzungen kann man merken, daß einige bewegungsgemäß geläufiger sind, besonders in Hinsicht darauf, in welcher Richtung sich der Gegner nach dem vorangehenden Angriff zurückzieht (vgl. Abb. 262, S. 149).

Eine freie Kampfkombination kann zwei, drei oder mehrere Takte (Schritte bzw. unterdrückte Schritte) haben und dabei aus einer Aneinanderreihung von Einzelangriffen, von grundlegenden Kombinationen oder von beiden – mit oder ohne zusätzliche Einleitungsaktionen dazwischen – bestehen. In der letzten Konsequenz kann eine Kampfkombination auch ohne Fußangriffe oder ohne Handangriffe sein. Wenn sie im Kampf improvisiert wird, kann sie natürlich auch unterbrochen werden und bleibt dann als ein Einzelangriff ohne Abschlußaktion.

3. Anwendung des Kampfrepertoires im Sport-Karate

Dies sollte jedoch nur eine situationsbedingte Ausnahme sein und nicht ein Ergebnis des Übens: Das Einnehmen einer Kontroll- oder einer neuen Startkampfstellung als Abschluß einer jeden Kampfkombination soll die Regel bleiben.

Eine korrekt zusammengesetzte freie Kampfkombination heißt Kampfserie oder kurz: Serie. Das auf der Abb. 261 (S. 149) dargestellte Modell für Serienbildung zeigt alle Möglichkeiten zur Zusammensetzung der einzelnen Angriffe in Drei- bis Sieben-Takt Kampfkombinationen. Längere Verbindungen sind taktisch kaum noch sinnvoll.

In den folgenden Abbildungen (Abb. 263–315, S. 149–160) werden einige Serien von je einem Angriff in Verbindung mit einzelnen Kombinationen als Beispiele gezeigt. Die Serien werden nach dem einleitenden Einzelangriff benannt (z.B. Serie R5) mit zusätzlicher Angabe der darauffolgenden Kombination. In den Abbildungen wird jeweils nur der erste und der zweite Angriff gezeigt, ohne den Handangriff, der dem zweiten Fußangriff folgt, sowie ohne Einleitungs- und Abschlußaktionen, die bisher schon ausreichend behandelt worden sind.

Der Leitsatz der Zusammenfügung ist die optimale Geläufigkeit im Bewegungsablauf: Startend aus der linken Kampfstellung greift man zuerst mit dem rechten und anschließend mit dem linken Fuß an, oder umgekehrt. Die gleiche Hand leitet alle Angriffe, einschließlich der hier nicht gezeigten Handangriffe, ein.

Spezialangriffe

Im Idealfall würde ein Sportkämpfer fähig sein, alle miteinander verbindbaren Vorbereitungen, Einleitungen, Angriffe und Abschlußaktionen intuitiv und ohne jegliches Zögern zusammenzusetzen, je nach dem, wie es die Kampfsituation erfordert.

In Wirklichkeit kann man sich einem solchen Ideal nur annähern. Die Schulung zum Sportkampf ist darauf ausgerichtet, die Schüler mit den Grundlagen und Möglichkeiten gut vertraut zu machen und sie die gebräuchlichsten Kampfkombinationen einüben zu lassen. Jeder Schüler entdeckt mit der Zeit selbst seine Präferenzen in bezug auf die Art der Angriffe, und zwar durch Training sowie durch Teilnahme im Sportkampf. Er sammelt eigene Erfahrungen und beobachtet und analysiert die Anwendung einzelner Kampfkombinationen seitens

(Fortsetzung auf Seite 161)

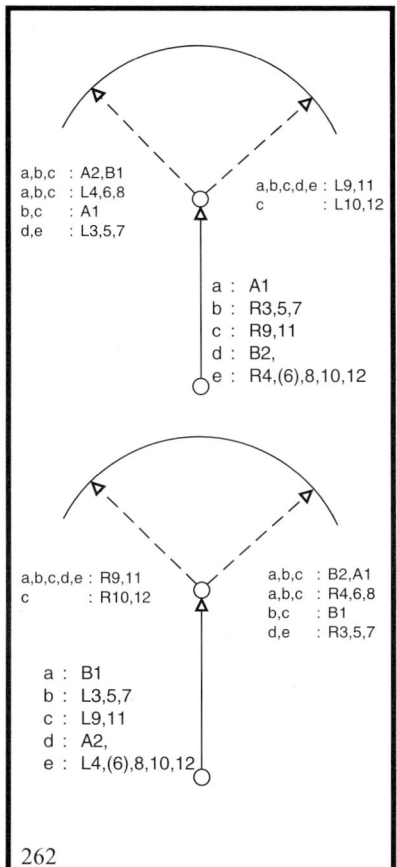

263

264

265

Abb. 262:
Die günstigsten weiteren Angriffe auf den seitwärts ausweichenden Gegner

Die Skizze veranschaulicht, welche weiteren Angriffe bewegungstechnisch günstiger in einer Richtung ausführbar sind als andere.

Abb. 263–265: Serie B1+6B

Nach dem Scheinangriff B1 (Abb. 263) zum Kopf leitet man statt des Abschlusses die Kombination 6B ein (Abb. 264) und führt den rechten Hakenangriff 6 aus (Abb. 265). Wäre der Gegner rückwärts ausgewichen, hätte man ihm mit 2B, 4B, 8B, 10B oder 12B in ähnlicher Weise folgen können.

149

266

269

267

270

268

271

Abb. 266–268: Serie A2+5A

Nach dem Scheinangriff A2 (Abb. 266) startet der Angreifer direkt die Kombination 5A (Abb. 267) und führt den Fegeangriff 5 aus (Abb. 268).Weicht der Gegner zurück, könnte man ihm auf ähnlicher Weise mit 1A, 3A, 7A, 9A oder 11A folgen.

Abb. 269–271: Serie R3+6A

Während des Angriffs mit Kick R3 (Abb. 269), weicht der Gegner um einen Schritt zurück. Durch entsprechendes Absetzen des landenden Fußes ist es dem Angreifer möglich, sofort die 6A zu starten (Abb. 270) und den linken Hakenangriff auszuführen (Abb. 271).

272

274

273

275

Abb. 269, 272–273: Serie R3+4A

Während des Zurückweichens des Gegners hat der Angreifer nach dem Angriff R3 seinen Fuß so gelandet, daß er die Kombination 4A starten (Abb. 272) und anschließend den geraden, linken Kick 4 ausführen kann (Abb. 273). In ähnlicher Weise könnte er auch mit 2A oder 8A weiter angreifen.

Abb. 269, 274–275: Serie R3+10A

Nach dem Angriff mit R3 hat der Angreifer die Kombination 10A gestartet (Abb. 274) und den linken, rückwärtigen Kick 10 ausgeführt (Abb. 275). Ähnlich könnte er auch die Kombination 12A anwenden.

151

276

277

278

Abb. 276–280: Serie L4+5A

Der Gegner zieht sich während des Angriffes mit Kick L4 (Abb. 276) um einen Schritt zurück. Jedoch hat der Angreifer seinen landenden Fuß so weit nach vorne abgesetzt, daß er die Kombination 5A starten konnte (Abb. 277), wobei er sogar den hinteren Fuß des Gegners mit dem rechten Fegeangriff 5 erwischt hat (Abb. 278).

279

280

281

282

Abb. 276, 279–280: Serie L4+3A

Nach dem Angriff mit L4 hat der Angreifer die Kombination 3B gestartet (Abb. 279) und den rechten, geraden Kick 3 ausgeführt (Abb. 280). Auf dieselbe Weise hätte er auch die Kombinationen 1A oder 7A starten können.

Abb. 276, 281–282: Serie L4+9A

Nach dem Angriff mit L4 hat sich der Angreifer während des Absetzens des Fußes umgedreht, die Kombination 9A gestartet (Abb. 281) und anschließend den rückwärtigen, rechten Kick 9 ausgeführt (Abb. 282). In ähnlicher Weise hätte er auch die Kombination 11A starten können.

Abb. 283–285: Serie R5+8A

Der Fegeangriff R5 auf das vordere Bein ist teilweise gelungen (Abb. 283), denn er hat den Gegner von der Kampfachse weggedreht. Die Kombination 8A wird gestartet (Abb. 284) und der kreisförmige, linke Kick 8 zum Körper ausgeführt (Abb. 285).

Abb. 283, 286–287: Serie R5+11B

Nach dem Fegeangriff hat der Angreifer durch Umdrehung bei der Landung des angreifenden Fußes die Kombination 11B gestartet (Abb. 286) und führt den rückwärtigen, kreisförmigen, linken Kick 11 aus (Abb. 287) in der Variante, wobei die anschließend angreifende Hand während des Kicks die Schutzhand des Gegners kontrolliert (umgekehrte Schutzhaltung). Der Kick könnte auch in den Rippenbereich zielen, oder aber der Angreifer könnte auch die Kombination 9B anwenden.

288

289

291

290

292

Abb. 288–290: Serie R7+8A

Ein klarer Scheinangriff mit Kick R7 zum Kopf; der Gegner zuckt mit dem Kopf zurück, während er auch einen Schritt zurück macht (Abb. 288). Der angreifende Fuß wird so gelandet, daß sich die Kampfachse erwas verschiebt und die Kombination 8A wird gestartet (Abb. 289); als erstes wird der linke, kreisförmige Kick 8 ausgeführt (Abb. 290). Ähnlich hätte man auch die Kombinationen 2A, 4A oder 6A machen können.

Abb. 288, 291–292: Serie R7+10A

Nach dem hohen Kick R7 springt der Angreifer auf den landenden Fuß mit einer Gegenumdrehung an und startet somit die Kombination 10A (Abb. 291); der linke, rückwärtige Kick 10 zum Körper wird ausgeführt (Abb. 292). In ähnlicher Weise hätte man auch die Kombination 12A anwenden können.

293

294

295

296

297

Abb. 293–295: Serie L8+7A

Dem hohen Kick L8 weicht der Gegner mit einem Schritt zurück aus (Abb. 293). Der Angreifer setzt den angreifenden Fuß etwas rechts von der Kampfachse, um einen kleinen taktischen Winkel zu erzielen, und startet zugleich die Kombination 7A (Abb. 294). Der rechte Kick 7 zum Kopf an der Schutzhand vorbei – die mit der führenden linken Hand beseitigt und kontrolliert wird – wird ausgeführt (Abb. 295). In der gleichen Weise hätte man auch die Kombination R5 bzw., ohne die Übersetzung des Fußes, auch 1A oder 3A anwenden können.

Abb. 293, 296–297: Serie L8+11A

Während der Landung des Fußes dreht sich der Angreifer um und startet die Kombination 11A (Abb. 296); der hohe, rechte Kick 11 mit der umgekehrten Schutzhaltung wird ausgeführt (Abb. 297). In ähnlicher Weise könnte auch die Kombination 9A gebraucht werden.

Abb. 298–300: Serie R9+10A

Dem Angriff mit rückwärtigem Kick R9, (mit umgekehrter Schutzhaltung) entkommt der Gegner durch einen Schritt zurück (Abb. 298). Der angreifende Fuß landet anschließend so, daß gleichzeitig die Kombination 10A gestartet (Abb. 299) und der linke Kick 10 ausgeführt wird (Abb. 300). Ähnlich würde auch der Angriff mit 12A verlaufen.

Abb. 298, 301–302: Serie R9+8A

Nach dem Kick 9 hat sich der Angreifer umgedreht und die Kombination 8A gestartet (Abb. 301), worauf der hohe Kick links 8 erfolgt (Abb. 302). In der gleichen Weise hätte man auch die Kombination 2A, 4A oder 6A anwenden können.

303

304

306

305

307

Abb. 303–305: Serie L10+11A

Dem Angriff mit dem rückwärtigen Kick L10 entkommt der Gegner durch einen Schritt zurück (Abb. 303). Der angreifende Fuß landet so, daß zugleich die Kombination 11A gestartet (Abb. 304) und anschließend der hohe Kick 11 mit umgekehrter Schutzhaltung ausgeführt wird (Abb. 305). In der gleichen Weise hätte man auch mit Kombination 9A weiter angreifen können.

Abb. 303, 306–307: Serie L10+7A

Während der Landung des angreifenden Fußes dreht sich der Angreifer wieder zum Gegner und startet die Kombination 7A (Abb. 306). Anschließend führt er den rechten, hohen Kick 7 aus (Abb. 307). Ähnlich könnte er auch die Kombination 1A, 3A oder 5A anwenden.

308

309 311

310 312

Abb. 308–310: Serie R11+8A

Dem hohen Angriff mit dem rückwärtigen Kick R11 entkommt der Gegner durch einen Schritt zurück (Abb. 308). Der Angreifer dreht sich während der Landung des angreifenden Fußes zum Gegner und startet die Kombination 8A (Abb. 309), um anschließend den hohen Kick 8 auszuführen (Abb. 310). In der gleichen Weise könnte auch die Kombination 2A, 4A oder 6A angewendet werden.

Abb. 308, 311–312: Serie R11+12A

Mit der Landung des angreifenden Fußes startet der Angreifer die Kombination 12A (Abb. 311) und führt anschließend den linken, hohen Kick 12 aus (Abb. 312). In der gleichen Weise hätte er auch mit der Kombination 11A weiter angreifen können.

313

314

315

Abb. 313–315: Serie L12+11A

Der Gegner weicht vor dem hohen Kick L12 zurück (Abb. 313). Während der Landung des angreifenden Fußes dreht sich der Angreifer um und startet die Kombination 11A (Abb. 314), um anschließend mit dem rechten, hohen Kick 11 anzugreifen (Abb. 315). Auf die gleiche Weise könnte er auch mit der Kombination 9A angreifen. Drehte er sich während der Landung des vorher angreifenden Fußes zum Gegner, würde er auch die Kombinationen 1A, 3A, 5A oder 7A starten können.

anderer Kämpfer. Je weiter er im Ausbildungsprozeß voranschreitet, um so weniger gibt es für ihn programmiertes Training und umso mehr wird seine Weiterbildung individualisiert. Die dargebotenen Variationsmöglichkeiten innerhalb des dargelegten Sportkampfsystems fördern individuelle Interpretationen und die freie Zusammensetzung neuer Kampfkombinationen.

Die einzelnen Kampfkombinationen, die ein Kämpfer überwiegend anwendet, sind seine Spezialkombinationen. Wie sie zusammengesetzt sind, hängt von den physischen und psychischen Eigenschaften desselben Kämpfers ab, der sie kreiert oder aus dem Schulungsprogramm bzw. von anderen Kämpfern übernommen hat. So z.B. von Körpergröße, Gewicht, anatomischen Gegebenheiten, Kraft, Impulsivität, Ausdauerfähigkeit, Temperament, Reflexen, akkumulierten Ängsten und Aggressionen, Bewegungs- und Kampferfahrung, Stufe der Trainiertheit usw. Wie man sich allgemein benimmt und bewegt, so kämpft man auch normalerweise. Intuitiv bevorzugen einige Kämpfer den frontalen Angriff, während sich andere auf die Überraschungseffekte der seitlichen Angriffe verlassen. Wieder andere fühlen sich am sichersten, wenn sie rückwärtig angreifen, und können sich äußerst schnell drehen. Keine der strategischen Einstellungen, die die Auswahl der bevorzugten Kampfkombinationen bedingen, ist allgemein gesehen besser als eine andere. Jede hat ihre Vor- und Nachteile, je nach dem, wie sie dem Ausführenden „liegt" und je nach der Kampfsituation, in welcher sie verwendet wird.

Es genügt nicht, lediglich eine bestimmte Reihenfolge von Angriffen einzuüben. Man hat tatsächlich seine Spezialkombination erst dann, wenn man einzelne bevorzugte Angriffe mit mehreren Variationen von Einleitungen gleich gut ausführen und mit mehreren Variationen von weiteren Angriffen fortsetzen kann. So muß z.B. ein Frontal-Angreifer fähig sein, die Serien R3 aus drei Richtungen (entlang der Kampfachse bzw. von rechts oder von links neben der Kampfachse) einzuleiten und in drei Hauptrichtungen mit darauffolgenden Angriffen fortzusetzen (gerade, rechts und links). Je mehr man seine Spezialkombination variiert, desto häufiger wird man sie im Sportkampf erfolgreich anwenden, und desto mehr ist man kampfbereit.

Die erfolgreichen, individuell kreierten Spezialkombinationen werden im Laufe der Zeit von anderen Kämpfern übernommen, oder werden in das Schulungsprogramm eingebaut. Gleichzeitig werden einzelne, früher vielleicht erfolgreiche Kampfkombinationen, kaum noch gebraucht, während neue von einfallsreichen Kämpfern zusammengesetzt werden. In dieser Weise werden die kreativen Kräfte der einzelnen Kämpfer zur Erhöhung ihrer eigenen Kampfbereitschaft und zugleich zur Weiterentwicklung und Modernisierung des Karate-Sportes eingesetzt.

Exkurs über Sprungangriffe

Die Sprungangriffe verdienen eine besondere Abhandlung, da sie in jeder Hinsicht eine Besonderheit darstellen.

Für ein breites Publikum, besonders für die noch ungeschulten Karate-Bewunderer, stellen die Sprungangriffe die Hauptattraktivität des Karate und der karateähnlichen Kampfkünste dar. Die Welle der Eastern-Filme hat wesentlich dazu beigetragen, daß sich unter Nicht-Kennern die Meinung verbreitet hat, ein Kämpfer sei um so besser, je höher und akrobatischer er beim Angreifen springen kann.

Die Wirklichkeit sieht jedoch anders aus. Statistisch gesehen sind akrobatische Sprungtechniken, die man im Sportkampf sehen kann, eine echte Rarität – außer auf den Wettkämpfen spezifischer Schulen, die die Sprungtechniken vorteilhaft bewerten. Jedoch sind unter der Vielzahl der traditionellen Schulen im Karate und den karateähnlichen Kampfkünsten nur wenige auf Sprungtechniken orientiert. Diejenigen, die es sind, befinden sich dadurch im grundsätzlichen Widerspruch mit einigen anderen traditionellen Schulen, die – im anderen Extrem – nur an fest an den Boden gebundene Angriffe glauben. Dieser Widerspruch hat seine Quelle in der widersprüchlichen Natur der Sprungtechniken selbst.

Sie sind schwer erlernbar und zugleich relativ wenig brauchbar. Der Nutzen ist verhältnismäßig klein im Vergleich damit, wieviel Zeit und Energie sie erfordern, um richtig beherrscht zu werden. Es gibt nur eine begrenzte Auswahl an technisch möglichen und zugleich taktisch noch sinnvollen Sprungtechniken. Taktisch gesehen ist der anspringende Angreifer in einer unterlegenen Situation. Nach dem Absprung kann er die Art und Richtung seines Angriffes nicht mehr ändern und der Gegner kann normalerweise seine Absichten früh genug erkennen, dem Angriff ausweichen oder den fliegenden Angreifer in seinem Bewegungsablauf und Gleichgewicht stören. Während der Landung befindet sich der Angreifer in einem offensichtlichen, voraussagbaren und verhältnismäßig lang dauernden ZVSB und ist damit voll dem Kontern ausgesetzt.

Trotz all dieser Einwände können wir jedoch auf die Sprungtechniken nicht verzichten. In bestimmten Kampfsituationen können technisch einwandfreie Sprungangriffe sehr wirksam sein, nämlich dann, wenn der Gegner derart überrascht ist – möglicherweise durch die Tatsache selbst, daß man ihn mit einer solchen Technik angreift – daß er den Zeitpunkt zum Ausweichen und Kontern verpaßt. Darüber hinaus sieht man im Kampf oft angewendete, obwohl nicht als solche vorher geübte Sprungangriffe, die aber nichts weiter als aus der Wucht des Startens oder aus der taktischen Notwendigkeit sich ergebende Abtrennungen vom Boden sind. Dies geschieht z.b., wenn ein kleiner Kämpfer seinen großen Gegner mit einem Fauststoß zum Kopf angreifen will, oder wenn jemand mit einem starken Ansprung oder mit einer sprungartigen Umdrehung angreift. Jede Gewichtsverlagerung von einem Fuß auf den anderen wird sprungweise schneller ausgeführt, besonders, wenn man sich dabei noch drehen muß.

Neben den praktischen gibt es noch einige didaktische Gründe für das Üben der Sprungtechniken. Die Übung der Angriffstechniken in der Luft, abgetrennt vom Boden, beschleunigt die Sinnübung der gleichen, unter normalen Umständen auf dem Boden ausgeführten Angriffe. Dazu verstärkt das dauernde Springen die Muskeln und erhöht damit die Explosivkraft, die für schnelles Starten notwendig ist, sowie die Ausdauerfähigkeit (vgl. Tabelle nächste Seite).

Die Anzahl der tatsächlich anwendbaren Sprungangriffe ist ziemlich begrenzt. Das ist z.b. der einseitige und diagonale Fauststoß, der gerade, diagonale und einseitige Kick, der kreisförmige, einseitige Kick, der rückwärtige, einseitige Kick (mit der Fußkante), und der rückwärtige, gerade und kreisförmige Kick. Die aufgezählten Sprungangriffe werden auf den Abbildungen (Abb. 316–321, nächste Seite) dargestellt. Die Aufnahmen sind mit bewußtem Verzicht auf sonst übliche Werbeeffekte (wie z.B. Aufnehmen aus der Froschperspektive, Nicht-Zeigen des Bodens, extrem tiefe Stellung des Partners usw.) gemacht worden, um den praktischen Stellenwert der Sprungangriffe zu veranschaulichen.

Die Anwendung der Sprungangriffe heißt nicht, daß Prinzip der flüssigen Kombinierens mit weiteren Angriffen zu vernachlässigen, insbesonders nicht, weil die Sprungangriffe bezüglich des Konterns sehr empfindlich sind. Gleich nach der Landung muß man so schnell es geht, wieder startbereit werden bzw. weiter kämpfen können. Der Bewegungsablauf einer Kombination soll also nicht wegen des Sprunges soweit modifiziert werden, daß man die für weitere Kampfaktionen notwendige Bewegungskoordination verliert. Das gerade ist aber die große Schwierigkeit bei der Anwendung von Sprungangriffen, die zu überwinden es viel Mühe und hartes Training verlangt.

Tabelle 5: Eigenschaften der Sprungangriffe

Negative	Positive
Im Training: – lange Übungszeit wegen hoher Ansprüche bezüglich Koordinationsvermögen und Absprungkraft; – vermittelt ein unbegründetes Gefühl, daß die allgemeine Kampfbereitschaft mit der erreichten Höhe der Sprungangriffe steigt.	**Im Training:** – trägt wegen erhöhten Koordinationsvermögens und Absprungkraft zur besseren und schnelleren Ausführung der gleichen Techniken unter normalen Umständen bei; – trägt zur Erhöhung der Explosivkraft und Ausdauerfähigkeit bei; – wirkt allgemein attraktiv und hat starke Werbeeffekte auf die Neulinge; trägt bei ihnen zur Erhöhung der Lernmotivation und Selbstdisziplin bei; – bildet, wenn beherrscht, hohe Selbsteinschätzung und trägt damit zur Stärkung des Kampfgeistes bei.
Im Kampf: – relativ langsam; – leicht voraussagbar; – leicht ausweichbar; – leicht ableitbar; – empfindlich gegen Störungen des Gleichgewichtes; – ungenau im Zielen auf die vitalen Punkte; – schwer kontrollierbare Dosierung beim Treffen der vitalen Punkte.	**Im Kampf:** – hat hohe Eindruckskraft, besonders auf die Zuschauer, teilweise auch auf die Kampfrichter und unerfahrene Kämpfer; – wirkungsvoll, wenn unerwartet angewendet; – geschieht auch spontan, besonders als sprungartige, zusammengesetzte Einleitungsaktion: Ausfall, Aussprung, Ansprung oder Voransprung, mit Umdrehung oder Gegenumdrehung.

316 *Einseitiger Fauststoß A1*
(oi-tobi-tsuki)

317 *Diagonaler Fauststoß A2*
(gyaku-tobi-tsuki)

318 *Kreisförmiger, einseitiger Kick*
R8 (oi-mawashi-tobi-geri)

319 *Gerader, einseitiger Kick L4*
(oi-mae-tobi-geri)

Abb. 316–321: Beispiele der Sprungangriffe

Diese Aufnahmen sind mit bewußtem Verzicht auf sonst in derartigen Darstellungen üblichen Werbeeffekte – wie z.B. Froschperspektive, Nicht-Zeigen-des-Bodens, extrem tiefe Stellung des Partners, usw. – gemacht worden.

320 *Kreisförmiger, rückwärtiger Kick*
R11 (ushiro-mawashi-tobi-geri)

321 *Gerader, rückwärtiger Kick*
R10 (yoko-ushiro-tobi-geri)

NACHWORT

Heute, 10 Jahre nach dem dieses Buch geschrieben worden ist, hat Sport-Karate weiter an Bedeutung gewonnen und soll demnächst auch olympische Disziplin werden. Durch ihre Wettkampferfolge haben die Europäer mittlerweile die japanische – einst exklusive und unanfechtbare – Führungsstellung im Karate ins Zwielicht gebracht. Die inzwischen in der europäischen Sportkampfpraxis ausgeprägten Aktionsmuster, wenn auch noch nicht eindeutig als solche artikuliert, werden heute weltweit und allgemein angenommen, wozu die globale Fernübertragung der wichtigsten internationalen Karate-Turniere eine nicht zu übersehende Rolle spielt.

Der Einfluß des sportiven Aktionsmuster im Karate ist schon so stark, daß einige traditionelle Stilrichtungen offen den Verlust ihrer Identität beklagen und dagegen etwas zu unternehmen versuchen.[1] Anderseits erleben wir auch, wie einzelne führende japanische Meister die sich bisher spontan ergebende sport-kampftypische Karate-Aktionen – die sie sonst lange nicht beachteten oder nicht wahrnehmen wollten – neuerdings mit Hilfe der herkömmlichen Karate-Begriffen wiederzugeben und als eine „ihrer" traditionellen Werte darzustellen versuchen.[2] Wer die Erklärungen der alten Meister vor mehr als 25 Jahren aus erster Hand miterlebt hat, wie der Autor, kann sich nur wundern, welchen Umwandlungspro-zeß einige von ihnen inzwischen durchgemacht haben.

Die Japaner scheinen als ihren Nachteil erkannt zu haben, daß – um es kurz zu fassen – das traditionelle japanische Karate völlig auf die vorgeschriebene Aktionsform konzentriert ist, während sich das im Westen entwickelnde Sport-Karate nach der Zweckmäßigkeit einzelner Aktionen im Sportkampf richtet. Diesbezüglich sind die Festellungen von Meister ASAI, Vertreter einer der führenden traditionellen Stilrichtungen, recht vielsagend.[3] Er meint, seine Lands-leute haben sich in Details verloren: *„Man achtete darauf, ob der Finger richtig gekrümmt war oder ob der Winkel auch wirklich den 45 Grad entsprach. "*[4] Dieser variationsscheue, traditionelle Formalismus drückt sich natürlich nachteilig im Sportkampf *(kumite)* aus. *„Im kumite benutzen Ausländer viele verschiedene, trickreiche Techniken und Angriffskombinationen. Die Japaner hingegen wurden sehr traditionell erzogen ... kämpfen wie ein Samurai, ohne Furcht und gerade aus auf den Gegner zugehen. Heute haben wir aus unseren Schwachpunkten gelernt und können international wieder bestehen. "*[5]

Die Japaner haben es also gelernt. Es stellt sich nun die Frage, ob auch Europäer in Sache „Karate als Sport" ihren grundlegenden schwachen Punkt erkennen und daraus lernen werden? Oder ist die Emanzipation von Japan in dieser Sache etwas, worüber man nicht mal nachdenken soll?

ANMERKUNGEN

Zur Einleitung

1) Mehr zu den vier Betrachtungsweisen in der Bewegungslehre – morphologische, biomechanische, empirisch-analytische und funktionale – siehe Klaus Willimczik/ Klaus Roth, Bewegungslehre (Reinbek bei Hamburg, 1987).
2) Einen guten Ansatz bietet z.B. Wolf-Dieter Wichmann in seinem Buch, Richtig Karate 2 – Kampftechniken (München, 1982), Kapitel „Spezielle Kampfsituationen".
3) Siehe dazu z.B. Gerhard Treutlein, Jürgen Funke, Nico Sperle (Hg.), Körpererfahrung in traditionellen Sportarten (Wuppertal, 1986).
4) Vergleiche Gichin Funakoshi, Karate-Do: Mein Weg (Werner Kristkeitz Verlag, Heidelberg-Leimen, 1993), Seite 57 und weiter. In seinem Hauptwerk, Karate-Do Kyohan: The Master Text (Tokio/New York/San Francisco, 1973) berichtet Funakoshi über sein erstes Buch Ryukyu Kempo: Karate, mit dem er 1922 der japanischen Öffentlichkeit sein Karate vorgestellt hat. Dieses Buch, das ein Jahr später auch in einer revidierten Ausgabe unter dem Titel Rentan Goshin Karate-Jitsu erschienen ist, war seiner Meinung nach das allererste Buch über Karate, das jemals geschrieben worden ist; mit seiner Veröffentlichung ging die Geschichte des Karate als einer geheimgehaltenen Kampfkunst zu Ende und seine Entwicklung als Sport fing an.
5) Zitat Funakoshi, op.cit. (1993), Seite 61.
6) Einen guten Überblick über die geschichtlichen Quellen des heutigen Karate gibt u.a. das Buch von Bruce A. Haines, Karate's History and Traditions (Ruthland/Tokyo, 1968). Vgl. auch Elke von Oehsen: Feudalistische Strukturen im Karate und ihre Auswirkungen in einer demokratischen Gesellschaft. Diskussionspapier, Trier, 13.– 14. 1.1990.
7) Die Unzulänglichkeiten des klassischen Karate-Unterrichts schildert z.B. Jan Safr, ein Träger des schwarzen Gürtels, der sich mit seinen Erfahrungen als Karate-Schüler in einem Artikel, „Ansätze einer neuen Karate-Methodik", in: Hochschulsport (2/85), kritisch auseinandersetzt und durchgreifende Verbesserungen konkret vorschlägt. Aus ähnlichem Motiven, die Jan Safr zur Suche nach einem besseren Schulungs-konzept bewegt haben, sind in den letzten zehn Jahren in Europa und Amerika einige neue nicht-fernöstliche Karate-Stilrichtungen entstanden, wie z.B. Peter Lewis in seinem Buch, The Way of Martial Arts (New York, 1986), Kapitel „The Modern Eclectic Systems of Martial Arts", schildert.
8) Albrecht Pflüger, Karate – ein fernöstlicher Kampfsport (Wiesbaden, o.J.).
9) Kurt Meinel, Bewegungslehre: Versuch einer Theorie der sportlichen Bewegung unter pädagogischem Aspekt (Berlin 1975, 5. Auflage; 1. Auflage 1960).

Zum Kapitel 1. Einführende Überlegungen zum Sport-Karate

1) Diejenige, die sich wegen dieser Festellung in der 1. Auflage des Buches empörten – sie sehen im traditionellen Budo-Karate einen übergeordneten, universellen Er-ziehungsmodus – möchte ich auf eine der führenden Autoritäten des traditionellen japanischen Karate verweisen, den jetzigen JKA-Chefinstruktor des Shotokan, Mei-ster 9. Dan, Tetsuhiko Asai. Im Interview, veröffentlicht im Karate: Fachzeitschrift des

Deutschen Karate Verbandes e.V., 4/96, S. 29 ff., hat er den Spruch „Im Budo gibt es nur Leben oder Tod" gelauncht, der auch zum Titel des Artikels angewendet wurde. Dieser Spruch ist noch viel radikaler als meine funktionale Schlußfolgerung – aber ich glaube, kein Anhänger des traditonellen Karate wird es wagen, ihn anzuzweifeln!

2) Mehr über die Reglementierung als Merkmal des Sports siehe bei Helmut Digel, „Wie die Vielfalt des Sports zusammenhängt", in: Helmut Digel (Hg.), Lehren im Sport: Ein Handbuch für Sportstudierende und Übungsleiter (Reinbek bei Hamburg, 1983); auch bei Helmut Digel, Sport verstehen und gestalten (Reinbek bei Hamburg, 1982).

3) In Anlehnung an Nikola Kurelic, Osnovi sporta i sportskog treninga (Beograd, 1976).

4) Das ist ein Begriff von Erich Fromm in seinem Buch, The Man and His Heart (New York, o.J.). Er meint, daß in den Kampfsportarten durch die gegenseitige Achtung der Kampfregeln und des allgemeinen *fair play* die Agressivität, die jedem Kämpfen immanent ist, ritualisiert wird, indem sie nur in der gegenseitig erwarteten Art des Verhaltens und der Handlungen ihren Ausdruck findet.

5) Damit dient Sport dem menschlichen Fortschritt und gehören sportliche Ergebnisse zu den Kulturwerten.

6) Nach Digel (op.cit.,1983) gibt es neben den Regeln der Moral noch konstitutive (Invarianzen bestimmende) und strategische Regeln (Varianzen bestimmende), die zusammen eine Tätigkeit als Sport bestimmen. Die beiden letztgenannten beziehen sich auf Inventar, Personal, Raum, Zeit und Handlungen. In diesem Sinne können die Wettkampfregeln als konstitutive Regeln angesehen werden.

7) Mehr dazu siehe bei Kurt Dieter/Ernst Dieter Rossmani, „Freude am Sport – in Kooperation und Konkurrenz", in: H. Digel (op. cit., 1983).

8) Eine aufschlußreiche Illustration dazu ergibt sich aus einem Vergleich der statistischen Auswertungen der Techniken (gemeint sind Angriffe), die auf japanischen Meisterschaften bzw. auf europäischen Meisterschaften vorwiegend angewendet werden. Siehe dazu: Teruo Kono, Elke von Oehsen, Karate: Training, Technik, Taktik (Reinbek bei Hamburg, 1986), Kapitel „Wettkampfbeobachtung". Die Autoren kommentieren, daß die Japaner wenige und einfachere Techniken bevorzugen als die Europäer, weil sie nach dem Ein-Punkt-System (shobu-ippon) und deswegen auf Sicherheit kämpfen.

Zum Nachwort

1) Vgl. dazu als Beispiel den Artikel von Wolf-Dieter Wichmann: „Kodansha Kai gegründet. Stilrichtung Shotokan bildet eine Art ‚Ältestenrat'." In: Karate: Fachzeitschrift des Deutschen Karate Verbandes e.V., 2/96, S. 15.

2) Vgl. zu diesen Feststellungen den Bericht über das Seminar von Prof. Taiji Kase, 9. Dan, Chefausbilder der JKA-Instruktoren, von Gabriele Thiele: „Traditionelle Aspekte in Kata und Kumite". In: Karate: Fachzeitschrift des Deutschen Karate Verbandes e.V., 3/96, S.10.

3) Siehe Interview mit dem Meister 9. Dan, Tetsuhiko Asai, JKA-Chefausbilder, von Horst Baumgürtel: „Im Budo gibt es nur Leben oder Tod". In: Karate: Fachzeitschrift des Deutschen Karate Verbandes e.V., 4/96, S. 29ff.

4) Zitat ebenda, S. 36.

5) Zitat ebenda.

Anhang

ENTWICKLUNGSRICHTUNG DES KARATE-SPORTS:
Zwischen asiatischen Traditionen und europäischer Modernität

(Aus der Festschrift zu 25 Jahre MSK-Hochschulgruppe an der RWTH/ FH Aachen: 1971–1996)

Seit seiner Entstehung – falls es so einen Zeitpunkt in der Geschichte geben kann – hat sich Karate (oder das, was man heute als Karate bezeichnet) ständig gewandelt und regional verschiedene Merkmale entwickelt. Es konnte nie so etwas wie ein einziges, für alle Regionen und Zeiten angemessenes und verbindliches, einzig wahres, „authentisches Karate" geben. In jedem Zeitabschnitt und in jedem Kulturkreis haben sich jeweils u.a. auch die dazugehörigen und eigenartige Formen der Kampfkünste entwickelt.

Warum sollte es gerade in unserer Zeit, in der Zeit, die von Umwandlungen und Fortentwicklungen in allen Sphären des menschlichen Lebens wortgerecht sprudelt, warum sollte sich also gerade in unserer Zeit eins der Felder der menschlichen Tätigkeiten nicht weiterentwickeln? Diejenigen, die im Karate alles so konservieren wollen, wie es mal war – wo, wann und wozu fragt man sich eigentlich nicht – und auf die Traditionen schwören, auch wenn sie nicht die ihren sind, haben ihre geistigen Väter nie richtig verstanden. Der von meisten Karate-SportlerInnen anerkannte Begründer des heutigen Karate, GICHIN FUNAKOSHI, hat u.a. diesbezüglich einen klaren Hinweis gegeben, den man nicht nicht-verstehen kann: *„Die Zeiten ändern sich, die Welt ändert sich, und die Kampfkünste müssen sich ebenfalls ändern."*

Leider sind ihm viele seiner treuen Schüler diesbezüglich etwas schuldig geblieben. Indem sie zurück statt nach vorne blicken, arbeiten sie eigentlich gegen die Vision ihres Großmeisters. Aber die Entwicklung kann nicht aufgehalten werden und steuert zwangsläufig auf weitere Modernisierung im Karate hin.

Die Ursprünge

Als Karate wird die Kunst des Kämpfens mit Schlägen, Stößen und Tritten bezeichnet, die nach dem zweiten Weltkrieg aus Japan nach Europa gebracht worden ist. Die meisten Geschichtsforscher sind sich mehr oder weniger darüber einig, daß die eigentlichen Ursprünge des heutigen Karate in Indien zu suchen sind, wo in einem der urliterarischen Werken, *Lotus Sutra*, das Kämpfen mit Fäusten zu allererst erwähnt wird. Ein konsequenterer Geschichtsforscher könnte es jedoch noch weiter zurückverfolgen – bis zu den altägyptischen und besonders noch zu den altgriechischen Kampfformen wie *pale, pygme* oder *pankration*. Von den letzten Formen weiß man, daß sie die Soldaten Alexander des Großen mit nach Indien gebracht haben, wo sie sich sehr wahrscheinlich nach und nach mit den einheimischen Formen vermischt haben. Damit wäre natürlich der eigentliche Ursprung des Karate nach Europa verlegt. Diese Anschauung wird sogar von einem der weltverbreiteten japanischen Karate-Stilen geteilt; Die altgriechischen Pankration-Kämpfer dienten dem Gründer der *Kyokushinkai* Schule, MATSUTATSU OYAMA, als wahre Vorbilder.

Neuerdings werden auch viele europäische mittelalterliche Zeichnungen und sogar Bücher über Nahkampfkünste wiederentdeckt, die beweisen, daß karateähnliche Kampfkünste auch in Europa ihre Heimat haben.

Durch Einflüsse aus Indien, wo sich verschiedene Kampfformen entwickelt haben, wie z.B. *nata* oder

Es gibt unzählige Beweise, daß auch karateähnliche Kampfkünste zum Kulturgut Europas gehören. Ein Teil des altgriechischen Allkampfes, genannt Pankration, bildet auch Ortomachia, der aufrechte Kampf, wo die meisten im Karate bekannten Schläge, Stöße und auch Tritte angewendet worden sind.
Auf der oberen Abbildung auf einer altgriechischen Vase sieht man das Ableiten und Abfangen eines Tritts, während die zweite Abbildung einen Handangriff mit gleichzeitiger Bereitspannung für den darauffolgenden Stoß wiedergibt.

wajramushti, sollte im 6. Jahrhundert das chinesische *chüan fa*, auch als *kempo* bekannt, – eine Vorform des heutigen *Kung Fu* und ein Sammelname für Hunderte von verschiedenen Stilrichtungen – entwickelt werden. Dieses beeinflußte wiederum die einheimischen Formen in Korea, Japan, Indochina, Indonesien, Malesien und – maßgeblich für das heutige Karate – auf der Insel Okinawa. Die Verbreitung der Chüan Fa ist unmittelbar mit der Verbreitung des Buddhismus verbunden; die buddhistischen Mönche haben Chüan Fa als Teil ihrer täglichen Tätigkeiten zur Erhaltung der Gesundheit, zur Selbstverteidigung auf ihren gefährlichen weiten Reisen, und als meditative Hilfe gepflegt.

Die okinawanische Herkunft

Auf Okinawa wurde neben Chüan Fa auch die Kampfform *Tote*, oder nur *Te*, bekannt, die sich später *Kara-Te*, die *chinesische Hand*, nannte. Die Entwicklung dieser, dem heutigen Karate sehr ähnlichen Kampfform, ging jedoch losgelöst vom Buddhismus vor sich hin. Das Kara-Te wurde in geheimen Gesellschaften und in Familienkreisen als eine reine Kunst des Tötens gepflegt, nachdem die japanischen Besatzer

Eine der Illustrationen aus dem Buch Der künstliche Ringer, *von N. Petter, 1674. Angriff mit einem direkten Fauststoß*

1609 den Einheimischen jegliches Tragen von Waffen untersagt hatten. Erst im späten 19. Jahrhundert fanden die ersten öffentlichen Vorführungen von Kara-Te statt. 1915 wurde Kara-Te seitens des okinawanischen Meister GICHIN FUNAKOSHI zum ersten Male offiziell vorgestellt und nach 1922 auf japanischen Universitäten und Militärakademien eingeführt. In diesem Jahr veröffentlichte FUNAKOSHI das allererste Buch über Kara-Te; damit endete das Zeitalter des Karate als einer geheimen Kampfkunst und seine Geschichte als Sport fing an.

Die Japanisierung

Um die Annahme des Kara-Te seitens der Japaner zu erleichtern, hatte Funakoshi seine okinawanische Kampfkunst gleichzeitig japanisiert und versportlicht, indem er folgendes unternahm:

♦ das Ideogramm für Kara-Te so änderte, daß es seitdem nicht mehr als Chinesische Hand sondern als *Leere Hand* übersetzt werden kann;

♦ die okinawanischen Ausdrükke, die den Japanern unverständlich waren, durch japanische ersetzte;

♦ das Training durch Einführung von Gürtelprüfungen reglementierte;

♦ die damaligen Lerninhalte der Karate-Schulung, die Katas (Serien von vorgeschriebenen Kampfaktionen gegen imaginäre Angreifer) weitgehend vereinfachte.

Auf dieser Zeichnung von J.A. Schmidt aus dem Buch Fechtkunst, *1713, holt der Angreifer für den Faustschlag aus, wobei die Führungshand den Gegner auf Distanz hält. Die Angriffshand hoch bereitgehalten, die Schultern sind völlig verdreht. Diese natürliche Bewegung war im alten Orient und Okzident in Gebrauch, genauso sieht man sie heute auf den Karate-Wettkämpfen. In den traditionellen Karate-Schulen hat sie jedoch keinen Eingang gefunden.*

Bei seiner Anpassung des Karate an die japanische Kultur ging FUNAKOSHI so weit, daß er es auch an den religiös-philosophischen Hintergrund des Bushido-Kodex der japanischen Samurai anknüpfte, was jedoch der bis dato okinawanischen Entwicklung von Karate völlig entgegenlief.

In Japan hatte sich die neue Sportart weiterentwickelt. Seit der Mitte der dreißiger Jahre hatte sich stufenweise eine neue Form der Erprobung durchgesetzt, – der Sportkampf (*kumite* auf japanisch) – um 1957 allgemeine Geltung in Japan zu finden. Damit war Karate den anderen Sportarten ausreichend angeglichen worden, um auch im Westen verbreitet werden zu können.

Zum gleichen Zeitpunkt führte der deutsche Schriftsteller JÜRGEN SEYDEL Karate in Deutschland ein. Heute wird die Anzahl der Karate-Sportler hierzulande auf rund 120.000 geschätzt.

Die zwangsläufige Europäisierung

Leider hat Karate bei seiner Einbürgerung in Europa keine, der Japanisierung vergleichbare, absichtliche und durchdachte kulturelle und methodische Anpassung erlebt. Das englische und französische Boxen, entwickelt aus den authentischen älteren regionalen Kampfformen, schienen mit dem orientalischen Neuling Karate nicht genug verwandt zu sein, um einen Anschluß zu finden. Dabei kann wohl sein, daß die japanische Sprache und die archaischen Riten jeglichen Versuch, einen solchen Anschluß zu finden, verhinderten, wobei bestimmt auch die unüberblickbare Vielzahl der miteinander konkurrierenden, traditionsbehafteten Stilrichtungen eine wichtige Rolle spielte.

Die kulturelle Anpassung des Karate, die zugleich seine weitere Versportlichung mit sich brachte, setzte jedoch trotz der Widerstände nach und nach ein, und zwar als ein unvorhergesehenes Ergebnis der Verbreitung des Sportkampfes als der Hauptform der Karate-Pflege. Im Sportkampf wenden nämlich die KämpferInnen, wollen sie Erfolg haben, zwangsläufig und intuitiv das natürliche, allen gemeinsame Bewegungsschema an, und nicht jene unterschiedlichen besonderen, die sie sonst in ihren vielfältigen Stilschulen mit viel Energie- und Zeitaufwand erlernen müssen.

Diese sportkampfbedingte Umstellung der Karate-SportlerInnen stellt somit den Ansatz zur stufenweisen, spontanen Umstrukturierung des Karate-Trainings dar; es ist die Quelle der Entstehung eines stilneutralen, nichttraditionellen, europäischen Karate-Sports bzw. Sport-Karates. Das Sportkampfgeschehen verläuft nach eigenen Gesetzmäßigkeiten, die mit dem, was in der einen oder anderen traditionellen Stilrichtung behauptet und verlangt wird, kaum was zu tun haben. Je bedeutender das sportive Kämpfen für die Pflege des Karate wird, desto mehr beeinflußen die Erfordernisse des Sportkampfes die Weiterentwicklung und Modernisierung des Karate im Einklang mit den europäischen sportlichen Standards.

Aus dem Buch von J. Happel, Das Freifechten, *1865. Die karateähnlichen Kombinationen scheinen in Europa bekannt und beschrieben zu sein, lange vor dem ersten Karate-Buch in Japan, 1922. Es ist erstaunlich, daß der Autor schon damals zwischen den diagonalen (oben) und einseitigen (unten) Kicks unterscheidet, was im Karate leider bis heute unbemerkt geblieben, obwohl auf den Wettkämpfen immer wieder zu sehen ist.*

173

Von archaischen Doktrinen
zu natürlichen Gesetzmäßigkeiten

Viele VertreterInnen der traditionellen Stilrichtungen lehnen diesen Entwicklungstrend als „Vulgarisierung" des Karate ab. Ihr Leitwort heißt, „Back to the roots!", also zu den archaischen, fernöstlichen, unveränderbaren Doktrinen der Karate-Pflege. In diesen Kreisen ist der Widerstand gegen die Innovationen sehr stark: einige traditionelle Stilrichtungen möchten ihre ursprüngliche Identität unberührt behalten. Jedoch, die meisten bauen ihre Popularität zum größten Teil auf den Wettkampferfolgen auf. Konsequenterweise sind sie dann gezwungen, doch ihren führenden KämpferInnen auch das Trainieren nach eigenen Erfahrungen zu erlauben – also, *nolens volens* außerhalb der traditionellen Trainingsschemata. Auf diese Weise passen sich, hinter den Fassaden mit asiatischen Schriftzeichen, die traditionellen Stilrichtungen zwangsläufig, stufenweise, unmerklich, aber doch den Anforderungen des modernen sportiven Kämpfens an. Dieser Umwandlungsprozeß scheint schon eine unaufhaltsame Eigendynamik erhalten zu haben.

Im Gegensatz dazu möchten die Modernisten denselben Umwandlungsprozeß beschleunigen und Karate unmißverständlich als „nur" Sport definieren, wodurch das sportive Kämpfen als Sinn und Ziel der Pflege des Karate-Sports den richtigen Stellenwert bekommen soll. Verschiedene Modernisierungstendenzen kann man am deutlichsten in dem ganzheitlich geordneten Rahmen des Modernen Sport-Karate wiedererkennen, der auch die Richtung der Weiterentwicklung weist.

Es handelt sich um folgendes: Wenn nach europäischen Maßstäben der Wettkampf die maßgebliche Zielsetzung des Trainings vom Karate als Sport ist, dann muß das, was im Sportkampf geschieht, der Gegenstand des Karate-

Zwei Beispiele der Ausnutzung eines „Taktischen Momentes" im Sportkampf

Die erfolgreichen deutschen MSK-Teams auf den Europa-Cups 1992 und 1995 in Mailand/ Italien. Jedes Jahr qualifizieren sich viele Mitglieder der MSK-Hochschulsportgruppe der TH Aachen für die Teilnahme am Europa-Cup.

Trainings sein. Das Bewegungsschema im Karate muß demnach zwangläufig dem natürlichen Bewegungsschema folgen und damit wird deutlich, daß Karate den gleichen Gesetzmäßigkeiten unterliegt wie alle anderen Sportarten. Wenn dem jedoch so ist, dann ist es möglich, aufgrund der bisher gesammelten Erfahrungen, und mit Hilfe des Transfers aus anderen Sportarten, der Bewegungslehre und etwas logischer Deduktion ein solches Repertoire der Kampfaktionen auszuwählen, aus welchem dann sämtliche im Sportkampf anwendbare Aktionen mit Hilfe einer kleiner Anzahl zueinandergeordneter Aktionstypen erlernbar werden. Ein solches transparentes und übersichtliches Repertoire der Kampfaktionen ist die Vorbedingung für die Rationalisierung des Trainingsprozesses.

Der rationale Ansatz des Kampfrepertoires

In den Sportkampfaktionen kann man ihre technischen und taktischen Komponenten erkennen. Technisch geht es um die Maximierung der Schlag-, Stoß-, bzw. Trittwirkung, um ihre Treffsicherheit, und um die angemessene Dosierung ihres Impakts, so daß der/die GegnerIn trotz ihrer außerordentlichen Stärke des Angriffs nicht verletzt wird. Taktisch geht es um die Schaffung und Ausnutzung der Gelegenheiten – des *Taktischen Momentes* – für die Ausführung einzelnen Angriffe bzw. um die Hinderung des/der Gegners/Gegnerin dasselbe selbst erfolgreich zu tun. Für den Vergleich der Technik sind die Sportarten interessant, die verschiedene Schläge (Golf, Tenis, Boxen), Würfe (Handball, Sperwerfen, Kugelstoßen), Stöße (Fechten), Tritte (Fußball), Starts und Abstöße (Laufen, Springen), oder Körperdrehungen und Sprünge (Eiskunstlaufen, Gymnastik) beinhalten. Für den Vergleich der Taktik, der situationsbedingten Bewegungsabläufe also, kommen vor allem einige andere Kampfsportarten (Boxen, Fechten) sowie individuelle Ballspiele (Tennis, Federball usw.) in Betracht.

175

Als Grundgerüst des Sportkampfrepertoires werden die Kampftechniken (Kombinationen) angewendet und nach ihren Bewegungsmerkmalen und -verwandtschaften typisiert (frontal-rückwärts, gerade-kreisförmig, links-rechts, einseitig-diagonal). So zugeordnete Kombinationstypen werden dann gemäß der Anwendung in der typisierten taktischen Situationen variiert, wodurch man eine große, aber immer noch überblickbare Anzahl der Kampfkombinationen bekommt, die trotz ihrer Mannigfaltigkeit im Rahmen des einheitlichen Sportkampfsystems bleiben. Aus diesem Sportkampfsystem wird dann durch Erweiterungen der taktischen Möglichkeiten auch das Selbstverteidigungssystem abgeleitet.

Sabine Gaipl, Deutsche Hochschulmeisterin 1993 in ihrer Kategorie, Mitglied der MSK-Hochschulsportgruppe TH Aachen, erhält den Pokal.

Direkte Trainingsmethodik

Dieses logisch zugeordnete Sportkampfrepertoire trainiert und lernt man nach den Prinzipien der direkten Methodik. „Direkt" bedeutet in diesem Zusammenhang vor allem, daß sich die SchülerInnen vom Anfang an unmittelbar für den Sportkampf schulen. Die Rationalisierung des Trainingsprozesses verlangt ja die Zielwirkung in möglichst kurzer Zeit. Konsequenterweise wird in der direkten Methodik das Kennenlernen der dem Sportkampf verwandten Bewegungssysteme – wie Kata, Bruchtests, Hantieren mit verschiedenen Geräten und Waffen usw., die im klassischen Karate dem sportkampforientierten gleichwertig oder vielerorts sogar übergeordnet sind – minimiert. Sie werden nur informativ und mit Bezug auf das Sportkampfsystem behandelt.

Dr. Daniela Hauck, 1. Dan, zweifache Europa-Cup-Silbermedaillenträgerin, Mitglied der MSK-Hochschulsportgruppe TH Aachen, führt die notwehrmäßige Abwandlung einer Sportkarate-Technik vor.

Bewegungstechnisch lernt man nach direkter Methodik einzelne Angriffstypen und Kombinationen in „verkehrter" Reihenfolge, also ganz anders, als es im traditionellen Karate üblich ist. Zuerst lernt man die Impaktlage – d.h. die eigene

Aachener haben auch an der Internationalen Sommerschule in Tschechien 1994 teilgenommen.

Körperlage im Augenblick, wenn der/die GegnerIn getroffen ist – des Körpers und erst dann „rückwärts" alle vorangehenden Haltungen und Bewegungen nacheinander. Im taktischen Sinne übt man dann einzelne Kombinationstypen in immer weniger gewissen Kampfsituationen. So ist der Übergang aus dem schulischen Training in das tatsächliche sportive Kämpfen flüssig. Die SchülerInnen lernen gerade jenes, was sie tatsächlich anwenden können, und sind in der Lage, variationsreich zu reagieren, wenn der Bedarf danach entsteht.

In direkter Methodik gibt es keinen Bedarf nach der uns schwer verständlichen und kulturell weit entfernten, fernöstlichen philosophisch-religösen Erziehung, die sonst im traditionellen Karate integriert ist. Allgemein geltende Sportethik und -moral geben ausreichend Wertorientierungen und Verhaltensnormen für die Selbstkontrolle im Sport-Karate. Heutzutage im Westen schon weit vorangeschrittene Anwendung der gezielten psychischen Vorbereitungen der WettkampfsportlerInnen, wozu auch die Karate-SportlerInnen gehören, machen endgültig jegliches Bedürfnis nach einer exotischen oder sogar mystischen Geistlichkeit als dem Überbau des Karate überflüssig. Das gleiche gilt für die Sprache der Erklärungen und Hinweise im Training, die wegen der Effektivität verständlich und praktisch sein muß, wozu sich notgedrungen die einheimische als die bestgeeignete erweist.

Modernes Sport-Karate als Entwicklungsrichtung

Modernes Sport-Karate ist kein Stein der Weisheit, kein neuer Stil und kein Endstadium der Entwicklung. Es übt nur die verbindende und – vorläufig noch die allumfassendste und konsequenteste – zuordnende Funktion für die vielen zerstreut auftretenden, voneinander unabhängigen, spontanen Entwicklungserscheinungen und -trends im Karate. Schon die bisher erreichte Ebene der Systematisierung der Trainingsinhalte und -methodik verbessert beträchtlich ihre Verständlichkeit und Annehmbarkeit – und dadurch konsequenterweise die

Lernwirkung im Karate-Training – vor allem bei allen jenen, die auch im Sport den Kopf gebrauchen. Die Schul- und Studentenjugend begreift rasch die Logik der direkten Methodik und des systematisierten Kampfrepertoires und kommt demzufolge auch sehr schnell voran.

Modernes Sport-Karate ist u.a. auch die Bezeichnung für einen Qualitätssprung im Selbstverständnis des Karate-Sports. Maßgeblich für Modernes Sport-Karate ist eine planmäßige Vorbereitung auf den Sportkampf, d.h. für eine praktische Überprüfung der kampfmäßigen Befähigung. Ohne diese Überprüfung kann man die „Kampfmäßigkeit" als das wesentliche Merkmal des Karate-Sports nicht wahrnehmen. Wie schon bis dato werden auch in der Zukunft die Anforderungen, Möglichkeiten und Begrenzungen des Sportkampfes immer mehr Variationen und Innovationen im Sportkampfrepertoire möglich und notwendig machen. Auf der anderen Seite aber werden auch die empirischen Forschungen zur weiteren Rationalisierung des Karate-Trainings beitragen. So werden die archaischen, orientalischen Vorzeichen weiterhin immer mehr verbleichen und Karate wird nach und nach immer stärker ausgeprägte Merkmale eines zeitgenössischen europäischen Sports aufweisen.

Aachen, März 1996

—————————————————————

Dieser Aufsatz ist eine überarbeitete und verkürzte Ausführung des Artikels von Dr. R. Jakhel, „Rationalisierung im Karate", in der Vierteljahresschrift Sport, Hrsg. Slowenischer Sportbund und Fakultät für Sport der Universität Ljubljana, 3/1994, 17–22. Dabei sind auch einzelne Abschnitte aus dem vorangehenden Jubiläumsheft der MSK-Hochschulgruppe RWTH/FH Aachen, 1991, angewendet worden.
    Einige weiterführende Literatur:
– Bruce A. Haines: Karate's History and Traditions. Charles E. Tuttle Co., Rutland, Vermont & Tokyo, Japan, 1968.
– Funakoschi Gichin: Karate-Do: Mein Weg. Werner Kristkeitz Verlag, Heidelberg-Leimen, 1993.
– Willi Könning: Spitzensport in Japan. Dieter Born Verlag, Bonn, 1990.
– Elke von Oechsen: Feudalistische Strukturen im Karate und ihre Auswirkungen in einer demokratischen Gesellschaft. Diskussionspapier auf dem Symposium, Trier, 13.–14.1.1990.
– Damir Battaglia: „Ortomachia: una forma die pankrazion difussa in tutta l'antica Grecia." In der Monatszeitschrift Samurai, Mailand, Januar 1996.

ÜBER DEN VERFASSER

Dr. Rudolf Jakhel, geb. 1942, heute Träger des 7. Dan Karate (FEKDA), studierte in Ljubljana (Slowenien) und in Aachen. Nach seiner Promotion 1975 im Bereich der Wirtschafts- und Sozialwissenschaften lebte er als Universitätslehrer und internationaler Berater außer in der Bundesrepublik auch in Slowenien, in den Vereinigten Staaten und in Guyana (Süd-Amerika).

Mit Karate begann er 1968 in Stuttgart. Später, während seines Aufenthaltes in Slowenien, pflegte er verschiedene Stilrichtungen – Shotokan, Shitoryu, Shukokai und Sankukai – und erzielte viele sportliche Erfolge auf Landes- und Bundesebene. U.a. wurde er 1971 Bundes-Vizemeister in der Allgewichtsklasse und erreichte als Mitglied der jugoslawischen Nationalmannschaft den 3.Platz auf der EKU-Europameisterschaft in Paris. Anschließend war er als Trainer, Bundeskampfrichter und Berater der technischen Kommission des Deutschen Judobundes/ Sektion Karate – damals der stärkste Karate-Verband – tätig. Im Herbst 1971 gründete er die Karate-Hochschulgruppe am damaligen Institut für Sportwissenschaft der Rheinisch-Westfälischen Technischen Hochschule Aachen und übernahm die Betreuung von Sportstudenten im Wahlfach Karate.

Das Problem der Pflege des Karate an einer sportwissenschaftlichen Institution hat ihn zur intensiven eigenen Forschung nach Möglichkeiten der Rationalisierung im Karate-Sport angespornt, mit dem Ziel, eine stilneutrale, sportkampforientierte Unterrichtsmethodik zu entwickeln. Inzwischen haben seine Auffassungen in vielen Ländern Fuß gefaßt.

Als habilitierter Dozent lehrt Dr. Jakhel heute Karate an der Sportfakultät der Universität in Ljubljana und ist auch Disziplinleiter für Karate im Universitätssportbund Sloweniens. Außerdem fungiert er auch als technischer Leiter der internationalen Vereinigung Modern Sports Karate Associates International (MSKAI) mit Sitz in Luxemburg, als Chefinstruktor für MSKA-Deutschland, und ist Mitglied der technischen Kommission der Europäischen Föderation der Vereinigten Karate Disziplinen (FEKDA) mit Sitz in Mailand, Italien.

VERZEICHNIS DER ABBILDUNGEN

VERZEICHNIS DER TABELLEN

INDEX

Pieter/Heijmans

Taekwondo

Technik/Training/Selbstverteidigung

Dieses Buch ist die erste, auf wissenschaftlichen Prinzipien und Forschungsergebnissen basierende Publikation in einer westlichen Sprache zum sytematischen Taekwondo-Training.

Obwohl Taekwondo sich zu einem internationalen Sport mit nationalen und internationalen Eigenschaften entwickelt hat, basiert das Training von Taekwondo-Kämpfern bislang hauptsächlich auf „Meisterlehren".

Dies liegt u.a. an der mangelhaften wissenschaftlichen Ausbildung von Taekwondo-Trainern, dem Mangel an wissenschaftlicher Forschung im Taekwondo sowie am Widerwillen von Trainern, abweichende Meinungen anzunehmen.

Die Autoren haben in den vergangenen Jahren zusammen mit ihren Kollegen systematische Taekwondo-Forschung betrieben und somit versucht, der Vermittlung dieser Kampfsportart eine wissenschaftliche Basis zu geben.

Dieses Buch ist das Resultat vergangener und gegenwärtiger Forschungsarbeiten .

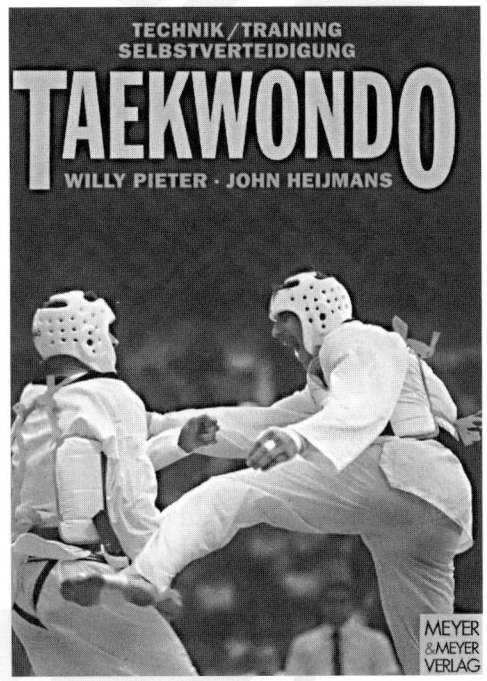

264 Seiten, 100 Fotos, Grafiken, Tabellen und Zeichnungen, Broschur, 14,8 x 21 cm
ISBN 3-89124-255-7
DM 34,-/ SFr 31,60/ ÖS 248,–

MEYER & MEYER • DER SPORTVERLAG

Von-Coels-Str. 390 · D-52080 Aachen · Tel. 0241/9 58 10-0 · Fax 0241/9 58 10-10

Sporttitel im Meyer & Meyer Verlag

Adventure Sports

Aschwer - Ironman
Bergmann/Butz - Big Foot
Diel/Menges - Surfing
Haas - Mountainbiking
Haetzel - The Big Race across America
Hottenrott/Urban - In-Line Skating
Knoller/Frühwirth - Paragliding
Köppern - Bungee-Springen
Krohn - Beach Volleyball
Schädle-Schardt - Klettern

Athleten und Trainer

Castella - Laufen – mein Leben
Coe - Running Free
Galloway - Richtig laufen mit Galloway
Hinault - Eine Radsportkarriere
Lydiard - Laufen mit Lydiard
Martin/Coe - Mittel- /Langstreckentraining
Sleamaker - Systematisches Leistungs-
training
Waitz - Grete Waitz – Worldclass

Badminton/ Squash

Lemke/Meseck - Badmintontraining
Lemke/Meseck - Handbuch für Badminton
Meseck/Haymann - Handbuch für Squash

Ballspiele

Dietrich - Die Großen Spiele
Glorius/ Leue - Ballspiele Bd. 1
Glorius/ Leue - Ballspiele Bd. 2

Baseball

DBV, Regelheft Softball
Niedlich - Handbuch Baseball
Schmeilzl/Church - Baseballtraining
Schiffer/ Labriola - American Sports
Voss - Regelheft Baseball

Basketball

Mikes - Handbuch Basketball
Neumann - Basketballtraining
Niedlich - Streetballtraining

Behinderte machen Sport

Rheker - Spiel und Sport für alle
Scheid - Chancen der Integration durch
Sport
Kolb - Spiele für den Herz- und Alterssport
Dahlmanns - Periphere, arterielle Ver-
schlußkrankheiten
Kapustin/Hornberger - Sport als Erlebnis
und Begegnung
Köppe/Dieckmann - Multiple Sklerose

Bewegungserziehung

Bischops/Gerards - Kinderradfahren
Bischops/Gerards - Tips für Sportspiele
Bischops/Gerards - Tips für neue Wett-
kampfspiele
Bischops/Gerards - Tips für Sport in der
Lebensmitte
Bischops/Gerards - Tips für Gesundheit
durch Sport
Bischops/Gerards - Tips fürs Aufwärmen
im Sport
Bischops/Gerards - Tips für Kinderfußball
Blume - Akrobatik mit Kindern
Diem - Auf die ersten Lebensjahre
kommt es an
Dombrowski - Leichtathletik mit
Grundschulkindern
Gerling - Kinder turnen – Helfen & Sichern
Henßen - Kinder auf dem Weg zum
Tanzsport
Kapustin - Familie und Sport
Kapustin - Schule und Sportverein
Kapustin - Sport für Erwachsene mit
geistiger Behinderung
Koschel/Brinkmann - Spiel–Spaß–Sport für
Kinder
Rheker - Spiel und Sport für alle
Stein - Kleinkinderturnen ganz groß
Stein - Kinder und Eltern turnen
Zimmer - Bewegung, Sport und Spiel mit
Kindern
Zimmer - Kinder brauchen Bewegung
Zimmer - Sport und Spiel im Kindergarten

Cartoon
Aguilar - Die wundersame Welt der Turner
Aguilar - Die wundersame Welt der Fußballer

Duathlon
Hottenrott - Duathlontraining

Edition Leichtathletik
Bd. 1 Rahmentrainingsplan Grundlagen-
       training
Bd. 2 Aufbautraining-Sprint
Bd. 3 Aufbautraining-Lauf
Bd. 4 Aufbautraining-Sprung
Bd. 5 Aufbautraining-Wurf
Bd. 6 Aufbautraining-Mehrkampf
Bd. 7 Aufbautraining-Grundprinzipien
Bd. 8 Leichtathletik im Lebenslauf

Edition Sport und Freizeit
Bd. 1 Tokarski (Hrsg.) - Freizeit im neuen
       Europa
Bd. 2 Tokarski - Spuren - Sport und
       Europa - Europa und der Sport
Bd. 3 Initiative Wirtschaft & Umwelt (Hrsg.) -
       Segeln in Mecklenburg-Vorpommern
Bd. 4 Stollenwerk - Sport - Zuschauer -
       Medien
Bd. 5 Michels - Animation im Freizeitsport
Bd. 6 Giesecke - Politik für die Freizeit
Bd. 7 Pruin - Wege aus der Krise

Fußball
Bischops/Gerards - Handbuch Kinder-
und Jugendfußball
Bischops/Gerards - Handbuch Mädchen-
und Frauenfußball
Bischops/Gerards - Tips für Kinderfußball
Bischops/Gerards - Tips für Spiele mit
dem Fußball
Frank - Trainingsprogramme Fußball
Jackschath/Cramer - Fußballpsychologie
Kollath - Fußballtechnik in der Praxis
Reade - American Football Training
Sneyers - Fußballtraining das
Jahresprogramm

Gesundheit/Ernährung
van Aaken - Krebsvorbeugung und Heilung
Bailey - Fett verlieren - Form gewinnen
Baumann - Psychologie im Sport
Hoberman - Sterbliche Maschinen
Jung - Sport und Ernährung
Neumann - Ernährung im Sport
Ott/Beckenbach - Fit - aber richtig!
Polet-Kittler - Yoga, das seelische
Gleichgewicht
Rausch - Fit bis zum Umfallen
Schaller/Kirchner - Motorisches Lernen im
Alter
Shangold - Sportmedizin für Frauen
Williams - Rekorde durch Doping?

Golf
Flanagan - Golf – Spiel mit Kopf
Mund/Münch - Tele-Golf Bd. 1 und 2

Handball
Grage - Handballtraining

Hockey
Marx/Wagner - Hockeytraining

Klettern
Schädle-Schardt - Handbuch Bergwandern

Körperarbeit/Gymnastik
Bischops/Gerards - Skigymnastik
Blume - Akrobatik
Blume - Akrobatik mit Kindern
Böttcher - Rope Skipping
Engel-Korus/Haberlandt - Fitneßtraining
durch Bewegung
Hausbei - Aerobic-Training
Huey/Forster - Aquatraining Bd. 1 und 2
Jakhel - Modernes Sport-Karate
Joch - Das sportliche Talent
Jordan - Gymnastik mit dem Pezziball
Jordan - Gesundheitstraining mit dem Fit-Ball
Jordan - Entspannungstraining
Jordan - Fitball-Aerobic

Sporttitel im Meyer & Meyer Verlag

Kirch - Handbuch Rock 'n' Roll
Koschel/Ferié - Vorbeugende Wirbelsäulengymnastik
Moegling - Handbuch Tai Chi Chuan
Ott/Schmidt - Aquagymnastik
Pahmeier - Step-Aerobic
Pieter/Heijmans - Taekwondo
Polet-Kittler - Yoga
Polet-Kittler - Tips für Yoga
Rosenberg - Handbuch Gymnastik und Tanz
Rosenberg - Handbuch Jazz Dance
Schmidt - Dehn- und Kräftigungsgymnastik
Schmidt - Rücken- und Rumpfgymnastik
Schmidt - Gymnastik für Kinder und Jugendliche
Schwabowski - Rhythmische Sportgymnastik
Unger - Handbuch Kraftsport und Bodybuilding
Unger - Handbuch Muskeltraining
Wessel-Therhorn - Jazzdancetraining
Wollring - Gymnastik im Herz- und Alterssport
Zatsiorsky - Krafttraining

Langlauf

Kleine (Hrsg.) - Langlauf in der Kritik
Sonntag - Mehr als Marathon Bd. 1
Sonntag - Mehr als Marathon Bd. 2
Thiemer - Langlauf ist unser Leben

Laufsport

van Aaken - Das van Aaken Lauflehrbuch
van Aaken - Das Laufbuch der Frau
van Aaken - Programmiert für 100 Lebensjahre
Bös - Handbuch Walking
Bös - Tips für Walking
v.d. Laage - Jetzt kommen die Chinesen
Diem - Tips für Laufanfänger
Kuhlmann - Das LaufLESEbuch
Lüchtenberg - Laufen in Schule, Verein und Freizeit
Lydiard - Jogging mit Lydiard
Lydiard - Running to the Top
Petracic/Röttgermann/Traenckner - Optimiertes Laufen
von Schablowsky - Hilfe – mein Mann läuft
von Schablowsky - Zur Strecke gebracht

Leistungstraining

Edwards - Leitfaden zur Trainingskontrolle
Geese/Hillebrecht - Schnelligkeitstraining
Neumann - Alles unter Kontrolle
Pampus - Schnellkrafttraining
Radcliffe/Farentinos - Sprungkrafttraining
Jacoby/Fraley - Das große Buch der Sprünge

Radsport

Brüggenj./Kürschner - Handb. Mountain-Biking
Haas - Mountainbike-Tourenführer Teneriffa
Heßler - Radsport in Schule und Verein
Hinault - Eine Radsportkarriere
Schmidt - Handbuch Radsport

Rudern/Kanu

Bauer - Handbuch Kanusport
Fritsch - Handbuch Rudersport
Fritsch - Handbuch Rennrudern

Schwimmen

Gambril/Bay - Handbuch Schwimmsport
Komar - Schwimmtraining für Kinder, Bd 1-3
Komar - Schwimmtechnik im Kindertraining, Band 4-7
Lüchtenberg - Tauchsporttraining
LÜchtenberg - ABC-Tauchen

Segeln

Haass - Handbuch Segelsport

Taping

Kennedy - Taping im Sport

Tennis

Steinhöfel - Leistungstennis: Neue Trainingsformen

Tischtennis

Fellke/Östh - Nr. 1 im Tischtennis
Groß - Tips fürs Tischtennis
Hotz/Muster - Tischtennis

Triathlon

Aschwer - Handbuch Triathlon
Aschwer - Ironman – Hawaii-Triathlon
Aschwer - Triathlontraining

Videofilme

Immer in Bewegung
Ein Spielfest für Kinder
Bewegung, Spiel und Sport mit Kindern, 1
Bewegung, Spiel und Sport mit Kindern, 2
Erzieher- und Übungsleiterverhalten
Baseball
Beach-Volleyball
In-Line Skating
Jetzt geht's rund
Kein Kreuz mit dem Kreuz
Kings of the Beach
Mountainbiking
Neue Wege im Skilanglauf
Tele-Golf Bd. 1 und 2

Volleyball

Fraser - Volleyball
Hergenhahn/Neisel - Volleyball
Hömberg - Handbuch Beach-Volleyball
Krohn - Adventure Sports Beach-Volleyball
Papageorgiou - Handbuch Volleyball
Papageorgiou - Handbuch Leistungsvolleyball

Wintersport

Bischops/ Gerards - Skigymnastik
Hottenrott/Veith - Handbuch Skilanglauf

Englische Titel

SLPE 1 Sport Science in Europe 1993
SLPE 2 Physical Education and Sport
SLPE 3 Racism and Xenophobia in European Football
Sport for all into the 90s
Physical Activity for Life
Hömberg/Papageoriou - Handbook for Beach-Volleyball
Pieter/ Heijmans - Scientific Coaching for Olympic Taekwondo
Yorga - Karate: Training and Nutrition
Lydiard - Running to the Top
CSRC 1: Ethics, Sport and Leisure
CSRC 2: Education, Sport and Leisure
CSRC 3: Gender, Sport and Leisure

Zeitschriften

Betrifft Sport ist eine Sammlung von Unterrichtshilfen von erfahrenen Sportpädagogen und -wissenschaftlern.

Deutsches Turnen ist die Verbandszeitschrift des Deutschen Turnerbundes (DTB). Sie befaßt sich mit den Inhalten der Verbandsarbeit.

Eurovolley berichtet über Volleyball-Großereignisse; bringt Fachbeiträge und einen Ereignis- und Informationsteil mit aktuellen Ergebnissen, Statistiken und Ranglisten.

Fechtsport ist das Verbandsorgan des Deutschen Fechter Bundes und bietet aktuelle Berichte über Fechten, Sportler, Trainer und Turniere.

Homerun ist das offizielle Mitteilungsorgan des Deutschen Baseball- und Softball Verbandes e.V. Es ist hierzulande das führende Baseball-Magazin.

Die Zeitschrift des IAT bietet aktuelle Informationen und Analysen aus allen Bereichen des Sports und der Sportwissenschaft.

Pool ist das Verbandsorgan des Westdeutschen Schwimmverbandes und bietet Aktiven und Interessierten aktuelle Berichte über Wettkämpfe, Trends und Athleten.

Sozial- und Zeitgeschichte des Sports leistet einen wichtigen Beitrag zur wissenschaftlichen Diskussion sozial- und zeitgeschichtlicher Fragestellungen.

Triathlon & Duathlon liefert als führende Fachzeitschrift einen bundesweiten Überblick über das aktuelle Geschehen in dieser Sportart und macht den Leser zum Insider.

„ü": die anspruchsvolle Fachzeitschrift des Deutschen Turner-Bundes für engagierte ÜbungsleiterInnen, etc.